基于营养目标的中国城镇居民食物消费策略研究

◎ 李辉尚 著

中国农业科学技术出版社

图书在版编目（CIP）数据

基于营养目标的中国城镇居民食物消费策略研究 / 李辉尚著 .—北京：中国农业科学技术出版社，2018.12

ISBN 978-7-5116-3554-9

Ⅰ.①基… Ⅱ.①李… Ⅲ.①居民-食品-消费-研究-中国②居民-膳食营养-营养卫生-研究-中国 Ⅳ.①F126.1②R151.4

中国版本图书馆 CIP 数据核字（2018）第 043565 号

责任编辑 穆玉红
责任校对 马广洋

出 版 者 中国农业科学技术出版社
北京市中关村南大街 12 号 邮编：100081
电　　话 (010)82109704(发行部) (010)82106626(编辑室)
(010)82109709(读者服务部)
传　　真 (010)82106626
网　　址 http://www.castp.cn
经 销 者 各地新华书店
印 刷 者 北京建宏印刷有限公司
开　　本 787mm×1 092mm 1/16
印　　张 9.75
字　　数 200 千字
版　　次 2018 年 12 月第 1 版 2018 年 12 月第 1 次印刷
定　　价 36.00 元

版权所有 · 翻印必究

前　　言

居民的食物与营养，与一个国家或地区的经济社会发展密切相关，也是衡量国民生活水平和营养健康的重要指标，更是食物生产发展、市场流通、营养改善等政策制定的重要依据。目前，我国经济社会快速发展，人均 GDP 已超过 8 000 美元，居民食物消费加快转型升级、营养健康状况明显变化，城镇居民尤为突出。随着城镇化战略的加快推进，我国城镇居民异质化进一步增强，消费的群体大、层次多、变化快和导向强等特点进一步显现，在全国食物与营养发展中的地位和作用将更加凸显。在新的历史条件下，进一步明确我国城镇居民食物消费转变的趋势和动因，厘清食物营养发展与理想目标和发达国家发展的差距，以营养目标为导向，借鉴国际经验，制定加快促进城镇居民食物消费转型升级和膳食营养改善等政策措施，是进一步深化农业供给侧结构性改革的重要内容之一，也对全面小康社会建设目标的实现具有重要意义。本书依据消费经济学、计量经济学、管理学和营养学等理论方法，在系统分析我国城镇居民食物消费变迁特征、消费需求特点的基础上，将收入分层作为几乎理想需求系统（AIDS）的重要变量对食物消费需求进行了动态研究；分析典型发达国家居民食物消费和营养变迁特征，以期为我国居民食物消费转型升级提供借鉴；在比较分析未来一段时期城镇居民食物与营养发展与国家战略目标差距的基础上，提出了促进城镇居民食物消费与营养发展的策略和路径选择，以期为食物生产发展、居民食物消费转型和营养改善等政策制定提供参考。本书主要研究内容和结论包括以下几个方面。

我国城镇居民食物消费加快转型升级，居民营养状况不断改善。随着我国经济社会发展和城镇居民收入水平不断提高，肉类等动物性食物的消费支出和消费量均快速增加，食物消费“西化”趋势明显，但植物性食物仍在城镇居民食物消费中占有重要地位；谷类、蔬菜、水果食用率和食用频率均保持较高水平，但奶类消费仍处于较低水平。在外就餐已经成为城镇居民日常食物消费的重要组成部分，与收入水平呈极显著正相关关系，但不同收入组间有所差异。居民收入水平、食物价格水平、区域发展水平、食物生产能力、市场发育程度和餐饮业发展水平等是影响城镇居民食物消费的重要因素。不同收入组间食物消费的支出和价格弹性存在不同程度差异；粮食、油脂类、蛋类和菜类已成为城镇居民的生活必需品，奶类仍是低收入户的奢侈品。我国城镇居民营养变化明显，膳食质量明显提高、主要营养素来源结构更趋合理，但脂肪供能比过高，谷类食物供能比明显低于合理范围；收入水平和在外就餐等对居民膳食营养有重要影响。

美国和日本居民食物消费与营养稳中有变，在外就餐常态化。当人均GDP处于5 000~ 10 000美元期间，美国和日本居民的食物消费支出稳步增长，且在消费总支出中的比重稳步下降；动物食物的消费支出增加，动物性食物消费量呈明显增长态势；在外食物消费支出快速增加；蛋白质、脂肪、热量等营养摄入量快速增加。当人均GDP超过15 000美元后，美国和日本居民食物消费支出缓慢增长态势，恩格尔系数趋于稳定或稳中略降，食物消费的“班尼特现象”突出；在外饮食消费支出明显增长，常态化现象较为明显；主要营养素摄入量及其来源结构趋于稳定，植物性食物在膳食中作用明显增加。同时，美国居民植物性食物消费增加与动物性食物消费减少的“喇叭口”走势特征明显，日本居民食物消费“西化”趋势明显。食物消费与营养改善的发展和促进保障机制相对完善。

城镇居民食物与营养发展与理想目标差距明显，应该加快制定相关政策措施。预计到2020年我国城镇居民主要食物消费支出将继续增长并进一步调整，主要食物消费量将不同程度增长，粮食、奶类消费量将继续增加但仍低于《中国食物与营养发展纲要（2014—2020）》和《中国居民膳食指南》的目标，肉类消费量继续增长并超过目标消费量。中国居民营养与健康状况调查显示，我国城镇居民主要营养素摄入量与营养目标的差距逐步缩小，但脂肪供能比较高等问题突出。针对我国城镇居民食物与营养发展中存在的问题和未来发展趋势，借鉴国际经验，提出了树立以营养为目标的食物安全新理念、完善收入分配制度、弘扬传统饮食文化、规范在外就餐、健全相关法律法规、强化统计监测制度、创新部际联席工作机制和加大宣传教育力度等八项政策建议和路径选择，以期为促进我国城镇居民食物消费加快转型升级、持续改善居民营养健康状况提供参考。

本书基于作者博士论文修改而成。由于作者水平有限，书中不妥之处在所难免，恳请读者批评指正。

目　　录

第一章 绪 论

本章重点介绍了本书的研究背景，回顾了国内外研究现状，介绍研究的技术路线和可能用到的研究方法及数据来源情况，提出了本研究的目的和以及研究重点内容和可能的创新点。

第一节 研究背景

民以食为天。食物消费是城乡居民日常生活必不可少的重要内容之一，是人们维持生存、获取营养、提高健康状况的基本需求。一个国家和地区的居民食物消费与营养健康，不仅与其经济社会发展有着密切联系，也是衡量其居民生活水平和身体健康的重要指标之一。从人类历史文明的发展历程看，食物消费与膳食营养状况的变化是人类历史最重要的特征，在过去的3个世纪里，这种变化的步伐正在加快（Barry，1971，1993）。从全球发展和世界形势来看，随着社会经济的发展，人们的膳食模式正在发生转变，主要表现在以主食为基础的食物消费正在向多样化的膳食转变，与此同时，食物消费的转变正在对全球或区域居民的营养结果产生重要影响（John，2010）。未来五到十年是我国人均GDP将逐步向10 000美元迈进的关键时期，是居民消费转型升级的关键时期（路红艳，2011），也是居民食物消费转型升级的关键时期，更是居民营养健康水平持续提高和民族体制素质提升的重要机遇期（许世卫，2011）。国际经验表明，当一个国家或地区人均GDP处于这一过渡期时，城市化、工业化、农业现代化进程将会进一步加快，居民尤其是城镇的消费结构、消费行为也会发生重大转变。

当前，我国现代化进程加速推进，经济社会发展正处于结构持续优化、动力不断转换和质量加快提升的关键时期，影响居民食物消费的因素更加多样化、复杂化和显性化。基于此，本研究的提出主要基于以下四方面的背景。

一、居民收入快速增长，食物等消费水平持续提高

自1978年改革开放以来，我国社会经济持续快速发展，尤其是“十二五”以来，我国经济保持8%左右的高速增长，虽然近年增速有所回落，但仍保持中高速增长态势，这期间居民收入收入保持较快增长速度，为消费水平的持续提高提供了有力支撑。据国家统计局数据显示①，2017年全国人均可支配收入达到25 974元，同比增9.04%，比2013年增41.85%；同期，城镇居民人均可支配收入达到36 396元，同比增8.27%，比2013年增37.51%，“十二五”期间年均增速高达9.35%，有力带动了全国居民收入水平的较快增长。在收入快速增长的背景下，我国居民的消费能力和消费水平不断提高，食物消费水平也实现了较快提高。数据显示，2017年全国城镇居民年人均消费支出达到24 445元，同比增5.92%，比2013年增加了32.22%，“十二五”期间年均增速保持在8.99%的较高水平；同时，城镇居民的食品（含烟酒）消费支出快速增长，2017年达到7 001元，同比增3.53%，比2013年增25.68%，“十二五”期间的年均增速为3.67%。恩格尔系数指食物消费在整个居民消费支出中的比重，是国际上通用的衡量居民生活水平高低的一项重要指标。改革开放以来，我国城镇和农村居民家庭恩格尔系数快速下降，已由1978年的57.5%和67.7%分别下降到2017年的28.64%和31.17%，尤其是“十二五”以来呈快速下降态势，年均保持4.87%和4.90%的速度下降。无论是从居民可支配收入，还是从食物消费水平，或者恩格尔系数，都可以看出，我国居民的生活水平明显提高，居民消费能力不断增强，尤其是城镇居民在这一过程中起到了引领的作用。

二、食物供给能力持续增强，城镇居民食物消费加快转型升级

改革开放以来，我国食物生产能力持续增强，粮食、肉类、蔬菜等重要农产品数量稳定增加，居民的“米袋子”和“菜篮子”不断丰富多样，居民食物消费加快转型升级。从供给上看，1978年以来，随着家庭联产承包责任制的加快推进，我国粮食等农产品生产稳定发展，居民温饱问题得到了有效解决，尤其是进入二十一世纪后，我国粮食生产实现了“十三连丰”的伟大成就，人均占有量稳步提高，为居民生活水平的持续改善提供了坚实基础。从总产量看，2017年全国粮食总产

---

① 2013年国家统计局对居民收入和消费支出情况的口径进行了调整，为保持数据口径的一致性，本书内容按照在应用最新数据时，使用新的统计口径。

量66 160.7万吨，同比增0.18%，比“十二五”初增长了12.42%，比1978年增长了1.17倍，其中，三大主粮总产量为60 608.1万吨，同比稳中略减0.31%，但比2011年增13.75%；肉类、水产品也实现快速发展，产量分别达到8 654.4万吨和6 445.3万吨，分别比2011年增7.87%和增15.03%。从人均占有量看，2017年我国粮食人均农产品产量为477kg，同比略减0.38%，但比2011年增加了9.00%，比1978年增加了49.6%；猪牛羊肉等肉类的人均产量为47.3kg，同比增0.47%，比2011年增11.47%，比1978年增8.49倍；牛奶的人均产量为21.9kg，同比虽减少了1.31%，但仍比1980年增了17.26倍。与此同时，我国居民食物消费持续转型升级，尤其是城镇居民的肉、蛋、水等动物性食物消费量明显增加。中国统计年鉴显示，2017年全国居民人均粮食消费量为130.1kg，比2013年减少12.51%，而水产品、蛋类和奶类则分别达到11.50kg、10.00kg和12.1kg，分别比2013年增加了10.58%、21.95%和3.42%。值得关注的是，城镇居民食物消费结构变化幅度更大，2017年粮食（原粮）年人均消费量为109.7kg，明显低于全国平均水平，比2013年减少9.55%（其中还有薯类消费增长23.09%，一定程度弥补了谷物等消费减少的影响）；牛肉、羊肉人均消费量为2.6kg和1.6kg，分别比2013年增19.83%和37.27%，蛋类消费量则达到10.9kg，略高于全国平均水平，比2013年增15.75%；年消费水产品约14.8kg，比全国平均水平多了3.3kg，比2013年增6.09%。

三、与营养相关慢性病明显增加，膳食模式亟待优化

随着我国居民食物消费结构的变化，居民营养健康状况持续改善，但仍面临着营养不良与营养过剩的双重挑战（王陇德，2005；杨志勇，2006），与营养相关的慢性病呈多发和年轻化趋势，膳食模式亟待优化。据卫生部统计，我国现有超过2亿的高血压患者、1.2亿肥胖患者、9 700万糖尿病患者、3 300万高胆固醇血症患者，其中65%以上为18~59岁的劳动力人口；2010年全国慢性非传染性疾病死亡人数达到413万人，已占到我国总死亡人口的85%以上；慢性病经济负担占我国疾病总经济负担的比例由1993年的54%上升至2009年的69%。另据WHO测算，到2015年我国由慢性病引起的医疗费用将高达5 000亿美元。目前，我国正进入慢性病的高发期，未来10年约有8 000万人将死于慢性疾病（陈竺，2014），这已经成为居民健康的第一威胁。中国历来有“病从口入”的说法；众多的研究也表明，慢性非传染性疾病与居民的食物消费有着密切联系，而营养治疗是解决慢性病的关键所在（陈竺，2014）。究其原因，这些与营养相关的慢性病高发和多发的情况，与居民膳食模式和生活方式有着密不可分的关系，加快推进居民膳食模式的转变和合理生

活方式的建立显得尤为迫切。

四、农业供给侧结构性改革加快推进，食物产业亟待升级

经历了粮食生产“十三连丰”后，2015 年以来，我国粮食生产结构已发生明显变化，市场供给和需求形势明显转变，部分产品持续大幅增加，而另一部分则快速减少，“增产的未必是需要的，减产的恰恰是需求必须满足的”的矛盾更加突出。如玉米的产量急剧增长，15 年来翻了一番，市场需求受食用消费基本稳定、饲料和工业消费明显减少等影响，供给呈现严重过剩态势；与此相反，大豆产量持续减少至 1 200 万吨左右，而传统豆制品加工需求稳定增长至 700 万吨以上的水平，食用油加工需求快速增长，且主要依靠进口，目前年进口量超过 9 000 万吨，供需缺口巨大，供给效率严重低下。与此同时，随着我国居民收入水平不断提高、健康意识日趋增强，居民的消费能力不断提升，居民食物消费由温饱型向质量安全型、营养健康型加快转变，食物生产供给与居民消费诉求不匹配的矛盾越来越突出。然而，我国农业产业仍处于低水平重复阶段，虽然“三品一标”产品数量快速增长，但质量安全事件频发、消费者信心缺失等问题仍然突出，导致部分农产品出现了区域性、结构性过剩现象，而另一些高质量的健康产品则供不应求、价格较高，乃至进口食品、海淘奶粉、空运牛肉等趋之若鹜现象日趋增多。为实现供给与需求的匹配，食物等农业产业的发展就必须瞄准新时期居民的需求。因此，以营养为目标，以消费为导向，加快推进我国食物产业的转型升级，既是农业供给侧结构性改革的内在要求，更是实现农业现代化的必然选择。

总的看，人们对食物的选择，即居民的食物消费，不仅与收入水平、生产供给和农产品价格等有着密切关系，更对国民营养健康有着重要影响；同时，也影响着食物加工即食品工业的发展方向，更影响着食物生产、加工、流通和消费等政策的制定，还是关系国家长治久安的基础战略之一。从食物与营养发展的实践看，我国长期存在着居民的食物消费与食物生产发展和营养需求不协调等问题，只有进一步加快构建合理的食物消费模式和科学的膳食搭配，才能实现居民营养健康的持续改善，促进经济社会的健康稳定发展。近年来，随着城镇化战略的加快推进，我国城镇人口约有 8 亿，对整个经济社会发展有着举足轻重的地位和作用；同时，在消费方面，受收入水平较高、信息渠道畅通、商品供给丰富等因素影响，城镇居民的消费方向和消费方式常常代表了整个社会的整体趋势。就食物消费而言，城镇居民食物与营养发展的趋势和方向对全国食物与营养发展具有重要的导向和引领作用。因此，有必要对我国城镇居民

的食物与营养发展进行系统研究，明确食物与营养发展的新情况新态势，统筹生产、消费、营养与健康协调可持续发展，并借鉴典型发达国家食物与营养发展的经验，提出未来一段时期我国城镇居民食物与营养的发展思路和对策措施，为相关政策制定和居民食物消费转型升级、营养健康状况持续改善提供参考和借鉴。

第二节　国内外研究现状

在对消费的研究中，国内外学者对消费理论和消费者选择理论进行了广泛而深入的研究，也取得了丰硕的成果，这为本研究的开展提供了坚实的理论依据。消费需求研究一般分为消费函数理论和需求函数理论。消费函数主要是基于消费者行为分析的基础上对总量消费状况的描述，揭示收入与消费两者之间的相互关系，即收入的配置问题。而需求函数是依据消费者行为理论建立起来的，阐述消费者对各种商品或服务的需求规律的数量关系，揭示了商品或服务的需求数量和影响该数量的各种因素之间的相互关系。本书对居民食物消费模式和营养的研究就是建立在消费理论和需求理论之上的。

一、关于消费函数与需求函数理论

消费是微观经济学中的基本问题之一，它既是一切经济活动的起点，也是终点；在完全竞争市场中，消费者在收入约束条件下根据实物的价格水平做出最优的决策行为，实现效用最大化的目标。在消费理论中，收入是影响消费需求的主要因素，这也成为消费函数研究的重要内容之一。从国际研究的发展历程看，西方经济学家关于消费函数的研究大致经历了三个阶段：一是 20 世纪 30 年代，主要研究消费支出与收入的关系。这一阶段最著名且最具代表性的是凯恩斯的绝对收入假说和杜森贝里的相对收入假说。二是 20 世纪 50 年代中期到 70 年代中期，消费函数的研究被纳入了微观经济学中消费者行为最大化的理论范畴。这一阶段的典型代表是弗里德曼的持久收入假说和莫迪利安尼的生命周期假说。三是 20 世纪 70 年代后期到 80 年代初，预期性因素被引入消费函数研究。这一阶段的代表性是，霍尔将理性预期因素引入生命周期和持久收入假说；在之后的研究中，西方经济学者针对消费者消费行为决策特征，对消费函数进行了改进，建立了流动性约束模型、预防性储蓄模型、消费习惯模型等。其中，消费习惯形成理论认为，习惯形成分为两部分：一是内部习惯形成，即所谓的消费者自身消费受其前期消费习惯的影响；二是外部习惯形成，即消费者的消费行为受周围居民消费行为的影响。

从国内学者对中国居民的消费研究看，学者们在应用西方经济学方法进行研究的同时，更加注重了中国的国情，分析了中国居民消费的特点，并试图提出相关理论和建立适合中国国情的研究方法。臧旭恒（1994）的研究发现，中国居民的消费行为在 1978 年之前具有被束缚的、原始的、短期的等特点，是近似于凯恩斯理论的消费行为；1978 年之后消费者的行为逐渐转向新古典消费理论，并将其假定为攀附的、过渡性前瞻行为。余永定（2000）的研究指出，中国居民的消费行为具有注重实现当前阶段的效用最大化和生命周期中存在特定的消费支出高峰及相应的储蓄目标两个重要特点，这主要是由于中国居民消费中未来长期目标的不确定性、信息缺失、收入来源和体制等多方面的原因造成的。宋冬林（2003）认为，有关消费函数的研究表明，西方传统消费理论在解释中国现阶段尤其是转轨时期的消费者行为时具有一定的局限性，表现为解释力不足，主要原因是在转轨期中国居民消费存在明显的过度敏感性。李锐（2004）对不同收入类型农村居民的消费进行了研究，认为弗里德曼的持久性收入假说能更好地解释中国农村居民的消费行为，稳步提高农村居民的持久性收入水平等政策措施能有效激活农村消费市场，是提高农村居民消费水平的有效途径。赵卫亚（2012）基于习惯形成理论对中国城镇居民消费行为的异质性进行了研究，认为中国城镇居民内部的收入差距已经十分明显，这直接导致了城镇居民的消费行为具有较强的异质性，这种异质性在不同收入阶层居民的差异性有较为明显的体现，即城镇居民消费行为存在较为明显的内部各收入群体的消费异质性。关于国内消费的这些研究，总体上看是基于凯恩斯的绝对收入假说和弗里德曼的持久收入假说建立相应的模型，主要使用线性支出模型、扩展的线性支出模型和几乎理想需求模型对中国的消费函数进行估计和检验的，更加侧重于收入和价格的影响。

一般来说，需求指消费者具有的货币支付能力的实际需要，是以生产者的视角对消费理论的认知，主要包括两个方面：一是消费者的实际需要，二是消费者愿意支付并有能力支付的货币数量。前者取决于消费者实际需要的商品的价格和替代商品的价格，后者取决于消费者的实际收入水平和消费者的支付心理。需求函数就是用以表述消费者对商品或服务的需求规律的数量关系式。

二、关于食物消费的研究

近年来，越来越多的学者关注食物消费研究，但对影响居民食物消费的原因认识并不一致。恩格尔定律认为，食物消费支出随着消费支出的增加而增加，因此可以认为消费支出水平是影响食物消费支出的决定性原因。一些研究表明，收入增长、城镇化和市场发展是影响中国居民食物消费变化的三大重要因素（Huang 和 Bouis，1995；Huang 和 Roezn.，1998），城镇食品配给制的取消、食品市场的开放对食品消费和食品需求弹性产生了显著影响（Chem，1997；Wang and Kinsey，1997）。Steven Yen（1992）对 1950—1956 年美国居民的食用油消费数据的弹性需求进行了研究，结果表明弹性需求系统比 AIDS 模型的拟合效果要好，收入、价格及对健康的关注程度是影响食用油消费的主要因素。Duesenberry（1949）认为，居民的消费受习惯的影响，且具有惯性特征；如居民的食物消费行为有惯性，那么前期消费将对现期消费产生影响，较高的前期消费必然导致较高的本期消费。John Park 等（1996，1997）利用美国 1987—1988 年住户调查数据，对 12 种食物的消费支出、收入和价格弹性进行了研究，发现不同收入阶层的食物消费自价格弹性基本相同，但收入弹性差异明显。Rafael（1996）研究了美国居民收入水平、夫妻受教育程度等对食物消费的影响，结果显示不同人群的食物消费偏好存在较为明显的差异。Nicholas（2003）运用 PIGLOG 模型对美国 1968—1999 年的食物消费收入和价格弹性进行了研究，发现在外食物消费的收入和自价格弹性比在家消费的要高。Seiki Nakayama（1958）对日本二战前后的食物消费进行了研究，指出人均收入的增长是影响食物消费增长的主要因素；淀粉食物的消费在一定人均收入时开始减少；与其他西方国家的比较表明，淀粉食物消费减少的原因并不相同：西方国家减少是因为畜产品替代的增加，而日本则是因为低热量消费引起的；第二次世界大战前，虽然人均收入不断提高，但淀粉摄入几乎稳定，主要是因为日本人非常喜欢大米；第二次世界大战后，食品和饮料的收入弹性增加了一倍、畜产品变得更加重要，总热量摄入增加；同时还指出，这种食物消费的转变给食物生产和农业来源收入带来了一些问题。Yuki Tokoyama（2002）将 24 个人口学变量作为重要变量，用 QUAIDS 模型估计了日本居民 11 大类食物消费情况，结果显示受收入影响，日本居民食物消费模式“西化”趋势明显，且这一特点趋势随人口学特征的变化而增强。Wen S. Chern（2002）利用日本 1997 年住户调查数据，分析了日本居民的食物消费模式情况，并聚焦大米和肉类消费情况，结果显示大米的支出弹性为正并接近 1，属于正常品，而无论是希克斯还是马歇尔自价格弹性均较高；肉类支出弹性和价格弹性与西方国家相当，表明日本居民肉类消费模式开始“西化”。Mauricio V. L. Bittencourt（2004，2007）基于生命周期假说，对日本居民的食物消费进行了研究，结果表明经济因素和非经济因素对食物消费的影响不同，一些食物消费变化可以用收入和价格变化来解释，而另一些则可以用人口统计学特征进行解释，家庭规模、子女人数和健康关注度等其他因素也是影响居民食物消费模式变化的重要因素。Andrew Muhammad（2005）运用两阶段需求模型对2005年的国际比较项目中144个国家的食物消费数据进行了研究，发现低收入国家对收入和食物价格的变化更加敏感，当收入和价格发生变化时，需要对食物消费模式进行更多的调整，但这种调整在不同食物类别之间是有区别的，主要食物消费变化最少，高附加值食物消费变化最大。A Gracia（2001）对欧盟的食物消费进行了研究，发现欧盟国家的食物消费结构基本趋同，乳制品和食用油消费量略有下降，肉蛋类、果蔬类食物消费量增加；但食物消费习惯和市场情况仍使得他们的食物消费存在差异。Haydar（2006）用聚类分析法对欧盟和土耳其的1970—2000年食物消费数据进行了分析，结果发现人均食物消费对收入的敏感度在降低，并且表现出达到上限的迹象；然而，土耳其居民的动物性食物在食物消费中比例较低、收入支出弹性比欧洲国家高0.84；土耳其和欧盟国家的膳食结构有很大的不同，欧盟国家之间也存在着差异，但这种差异在欧盟主要国家间有不断趋同的态势。

杨晓冬（1997）的研究表明，食品作为最基本的消费品，其消费支出与前期消费相关而与当期收入无关。黄季焜（1993，1999）基于住户调查的计量分析指出，农村社会的结构对农村居民的食物消费将产生重要影响，虽然收入和价格在食物消费中的作用不可忽视，但若只考虑收入和价格两个因素，对未来食物消费需求的预测必然会产生误差，且会高估收入增长对食物消费的影响。贺晓丽（2001）指出，1985—1990年中国城乡居民的恩格尔系数相差不大，主要是受社会福利制度的影响，城市居民食物之外的消费性支出比重较小，而农村居民食物消费之外的支出比例较大，但两者相比，差距不明显。罗国亮（2004）认为，不同阶段内收入对食物消费的影响存在明显差异，20世纪90年代后期，食物消费需求的变化受居民在外饮食的拉动作用较为明显。黎东升（2001，2005）认为，城市化影响居民粮食消费的水平和结构，收入增长影响了粮食需求方向的转变（即促使粮食从口粮加上向饲料粮用途转变），农村居民粮食需求的收入弹性呈下降趋势，但城市居民的粮食需求收入弹性趋近于零，但收入的成倍增长将导致肉类及水产品等需求的成倍增长。杨斌（2006）利用1978—2003年海南省人均收入和食物消费数据进行了分析，结果表明随着收入的增长，城市恩格尔系数下降，粮食消费量逐年下降，蛋类、畜禽肉和水产品消费量逐年上升；农村粮食消费量年际波动大，蛋类、畜禽肉和水产品消费量增幅小于城市。周津春（2006）运用 AIDS 模型对农村居民食物消费进行的分析表明，地区差异也是影响食物消费的重要因素之一，市场发育程度促进了水产品、肉类和水果等食物的消费，同时家庭规模对食物消费具有显著影响。穆月英（2001，2003）的研究认为，食品消费在中国表现出较强的区域差异，这反映了农产品生产供给结构对食物消费结构有着重要影响。常向阳（2006）则认为，收入变动对肉禽蛋奶、水产品、烟酒饮料等食品消费需求的影响大于对粮食、食用油和蔬菜等食品消费需求的影响。王恩涛（2007）的研究表明，食物消费与收入之间存在正相关关系，农村居民收入的边际消费倾向为 0.739，收入的边际食物消费倾向为 0.345。齐福全（2004）应用具有习惯偏好的生命周期消费模型对消费行为进行了实证研究，指出食物消费支出具有习惯性。朱晶（2005）认为，中国农村，尤其是贫困地区农民的食物消费受收入水平的影响较强，提高这些地区人群的食物消费状况可以通过增加收入、完善和健全农产品尤其是粮食的流通机制等措施加以解决。秦富（2006）认为，中国长期的城乡二元经济社会结构造成的居民收入、食物价格、家庭规模和地区差异等对城乡居民动物性食物消费存在显著影响。李哲敏（2006）对中国农民食物消费的区域进行的研究指出，区域经济发展的不平衡使东、中、西部地区农村居民食物消费水平与收入增长呈现东高西低的总体趋势，且各地区的食物消费结构存在较为明显的差异。朱高林（2006）的研究指出，城乡居民的食品消费从生产性的粮食消费到低层次的副食消费再到高层次的副食消费，呈现“中间缩小，两头拉大”典型特点，城镇居民食品消费已基本进入了食品消费的第三阶段，即高层次的副食品消费，而农村居民仍处于食品消费的第一阶段。郭娟（2007）认为，中国城乡居民的消费结构转型同步与恩格尔系数的持续下降，城乡居民生活水平差距逐渐缩小；主食消费呈现稳中有降，副食消费稳步上升；收入水平是影响食物消费结构变化的最大因素，其次是食品工业发展水平、城市化率和人口增长率。陈永福（2004）对中国城乡居民动物性食物消费从供给和需求两个方面进行了全面的分析和研究，认为中国各区域间消费习惯、城市化水平及收入水平存在较大差异，致使区域间动物性食品消费需求结构产生差异，同时收入水平较高的地区也可能会出现猪肉、禽肉、蛋类等动物性产品消费量随着收入提高而下降的趋势，即人均动物性食品消费和收入之间可能会出现倒“U”形曲线关系。彦士锋（2009，2010）认为，城乡居民两次食物消费突变是取消粮油统销制度和加入世界贸易组织引起的，人均可支配收入、消费惯性和制度变迁是城镇居民食品消费支出的主要影响因素，而人均纯收入和价格是农村居民食品消费支出的主要影响因素。

三、关于食物消费与营养的研究

民以食为天，人体需要的各种营养素都是从每天的饮食中获得，如某种营养素长期摄入不足或过多，就可能产生相应的营养不足或过多的危害；而合理营养是健康的物质基础，平衡膳食、合理消费又是合理营养的根本途径。从营养学角度来说，人类为了维持生命与健康，必须从食物中摄取人体所需的各种营养素，如蛋白质、脂肪、糖类、水、无机盐等，这一过程中食物的摄取（食物消费）是基本的前提，也是影响和决定人们身体营养和健康状况的重要保障。随着中国经济社会的快速发展，居民的食物供给情况极大改善，温饱问题得到了解决，居民对食物的消费诉求已不单单是饱腹，而是追求更高层次的需要，即由吃得饱逐步转变为吃得好、吃的营养和健康。因此，营养问题逐渐并且正在得到人们的重视，越来越多的学者开始从营养学的视角来审视食物消费。

马凤楼（1999）回顾了自中华人民共和国成立 50 年来中国居民的食物消费与营养、健康状况，结果显示，随着中国经济的发展，人们各种营养素的摄入量已经达到或接近于营养素推荐摄入量，但与国外相比，还存在一定的差距。杨万江（2002）认为中国的食物供应量速度增长较快，食物长期供给不足状况已经改变；但是值得注意的是，植物性食物所供给的营养量相对稳定或开始缓慢下降，动物性食物所供给的营养素呈快速增长态势。马骥（2002）分析了不同收入水平对农村居民的热量、蛋白质和脂肪 3 种宏量营养素的摄入量，也得出 3 种营养素的摄入量随着收入的增长而增加。张一青（2004）认为，随着收入水平的提高，居民植物性食物消费量下降，动物性食物消费上升，蛋白质、脂肪的摄入量随着收入的提高而增加，但地区之间存在差异。李哲敏（2006）根据食物生产发展的四个阶段将中国居民膳食营养的变化划分为贫困期、温饱期、结构调整期和营养健康期，并指出随着经济的发展，食物消费由严重短缺向数量增加、质量提高、相对稳定方向转变，食物消费结构由单一型食物消费向多元化方向发展，由以植物性食物为主向以动植物性食物兵种的食物消费模式转变，由追求温饱向追求营养健康科学转变，并对未来一段时期食物消费量进行了预测。封志明（2006）分析了改革开放以来中国城乡居民食物消费量和消费结构的变化，并用弹性系数分析了中国居民食物消费的趋势，指出城乡居民间接粮食消费持续增长并成为粮食总需求增加的主要原因；与 2010 年中国营养发展总目标相比，中国城乡居民热量摄入量均已达到目标，农村居民蛋白质和脂肪摄入量都偏低，食物消费水平和膳食营养水平尚需进一步提高；就食物消费和营养状况看，农村低于城市。翟凤英等（2007）对中国居民的食物消费、营养状况及其相关的影响因素进行了追踪研究，发现了中国居民膳食结构正处于一个重要的变化时期，居民动物性食物消费量增加，而植物性食物消费量呈下降趋势，膳食结构的变化在带来优质蛋白质摄入水平提高的同时使脂肪摄入量显著提高。胥占忠（2008）对徐州市居民的追踪研究显示，膳食结构与肥胖、高血压、糖尿病等患病危险有密切关系，能量、脂肪供能比和食盐摄入量与患病风险呈正相关，碳水化合物和谷物食物呈负相关。骆建忠（2008）在分析粮食消费在中国居民膳食营养结构中地位基础上，研究了粮食消费与营养水平之间的关系，并据此探讨改善食物消费结构，确保粮食数量和质量安全的切实措施。司智陟（2012）对中国居民肉类消费与营养的研究表明，近年来中国居民的食物消费中肉类消费明显增加，但同时指出肉类等动物食物是膳食中不可缺少的组成部分，在提供人体所需的脂肪、优质蛋白质等营养素的同时，其摄入量对营养健康具有重要影响，过多摄入可能导致恶性肿瘤、心脏病、脑血管病的发病率提高，而肉类摄入过少会导致营养不良、贫血等疾病的发病率提高。王禹（2013）分析了粮食在营养素供给方面的贡献情况，研究基于合理营养目标需求下，中国居民口粮等粮食消费水平，提出了优化粮食生产的政策建议。

张车伟等（2002）运用来自中国贫困地区的数据研究了收入与营养需求之间的关系，估算的营养需求弹性约为 0.26，并发现营养需求与收入之间存在着非线性关系，即随着收入的增加营养需求弹性呈先升后降的趋势；萧清仁等（2004）利用加总数据对中国台湾居民营养需求状况进行分析后认为，收入和米、面粉及薯类三大类主粮食物价格的变动对各种营养摄取的影响非常微弱，即弹性很小。翟凤英（2005）等运用 24 小时回顾法对全国 31 个省（区、市）的居民膳食情况进行了调查，结果表明中国城乡居民膳食质量有所提高，其中动物性、奶类食物及油脂类的摄入量均有所增加，但膳食中奶类、豆类摄入量仍然很低；城市居民膳食中谷类、蔬菜、水果等的消费量有所下降，动物性食物和油脂摄入量明显上升，膳食结构“高能量密度”趋向明显，部分人群的膳食已经偏离了平衡膳食的要求。叶慧等（2007）利用中国 1961—2002 年的宏观加总数据估计营养价格弹性和收入弹性，实证结果为收入变动对居民营养需求影响不大。苏畅（2010）利用中国居民健康与营养调查（CHNS）数据，对全国九省区影响居民膳食营养的经济因素进行了分析，发现城市化水平是影响居民食物消费的重要因素，即城市化指数越高，居民消费动物性食物和食用油的概率也越大，动物性食物消费量和食用油的消费量也越高。刘华

(2013) 运用 CHNS 数据，从营养结构的角度考察了中国城镇居民的收入变化对营养素需求的影响，结果表明收入增长对城镇居民优质蛋白摄入量的增加有积极作用，能够促进居民营养状况的改善。

四、关于在外食物消费的研究

19 世纪后期，一些学者开始关注食物消费中在外饮食的研究，国外对家庭在外饮食研究开始较早，而且比较深入。Porchaska and Schrimper (1973)，Nayga (1992) 和 Sexauer (1979) 等研究了时间的机会成本、社会经济因素等对美国家庭在外饮食影响；Knisey (1983)，Yen (1993) 和 Remdna (1980) 研究了美国家庭中有工作的妻子对居民在外饮食的影响。Lanun (1982) 和 LeenadBorwn (1986) 研究了美国家庭在家消费和在外饮食的差异及决策的影响因素，结果显示家庭主妇时间机会成本上升会显著增加家庭成员在快餐店的消费，而收入增加对居民在饭店消费的正向影响显著大于其对在快餐店消费的影响。Byrnee (1996) 和 MCcarkcen and Bnardt (1987) 研究了美国在外食品消费结构问题。Haden Stewart (2004) 等指出，家庭在外就餐受家庭收入水平和人口学特征影响，如果家庭人均收入增长 10%，在外的餐厅消费和快餐消费支出分别增加 6.4%和 3.2%；单身家庭和多成人家庭在外消费支出相对较高。Biing-Hwan Lin 等 (2012) 研究了 1977—2008 年美国居民的在外就餐和在家消费的变化，结果显示，在过去的 30 年里，在外消费已经成为美国人膳食的重要组成部分，且在未来将保持这一趋势；美国居民 2008 年的在外消费支出占食物消费总支出的 41% (USDA/ERS, 2012)。Adrian 和 Daniel (1976) 通过对美国 6 950 个家庭的食物和营养消费进行实证表明，收入对除热量以外的所有营养素摄取有正效应，蛋白质和脂肪的收入弹性都在 0.1 以上；但也有研究发现营养的收入弹性很低，甚至为 0，即使在食物收入弹性较高的情况下亦是如此，认为随着收入的提高，食物支出的增加并不必然带来营养摄入量的增加 (Behrman, 1983；Deolalikar, 1987)，这意味着在营养收入弹性很小的情况下，增加收入并不是提高营养素摄入量的有效办法；食物券计划增加了人们肉类、糖和脂肪的消费 (Park, 1999)。Lisa Mancino 等 (2010) 的研究表明，在外就餐增加了儿童尤其是较大年龄儿童的热量摄入，在 13~18 岁年龄的青少年中，每餐 (在外就餐) 约增加 108kcal 热量；在外就餐消费的增加是儿童肥胖的主要影响因素之一。Biing-Hwan Lin 等 (2012) 的研究也指出，过去的 30 年里，美国居民在家就餐的食物结构受膳食指南等宣传教育的影响已经开始向健康方向转变，如脂肪摄入减少而钙的摄入增加，但在外消费的营养膳食没有明显变化，2 岁及以上居民在外就餐食物提供的脂肪占膳食总脂肪摄入的比例从 1977—1978 年的 18%增加到 2005—2008 年的 35%；与在家就餐相比，在外消费仍旧是高脂肪、高盐、高热量和低膳食纤维模式，2008 年美国居民的在外消费贡献了 32%的热量摄入。Xin Xu（2014）的研究显示，食物价格对肥胖有潜在影响，在教育水平较低的人群表现较为明显；大城市成人肥胖增加 18%的情况能够解释 1976—2001 年美国食物价格下降的现象。

20 世纪 90 年代开始，国内学者开始关注在外就餐研究。中国农业科学院农业政策研究中心的一项研究表明，90 年代初期以来，随着食品配给制度的废除和农产品市场的逐步开放，城市食物消费方式发生显著变化。农产品市场的开放增加了人们食物选择的机会，农产品市场发展和人们收入增加引发的生活消费方式变化，极大地促进了城镇居民的在外饮食。张彩萍等（2010）对北京市居民饮食消费进行的实证研究表明，收入与时间成本的上升均会显著增加家庭在外饮食的参与和支出水平，而不考虑时间效应的食物消费收入效应估计也可能是有偏的。杜文雯（2014）对中国九省区成年居民在外就餐对营养的影响进行了研究，结果显示，20 多年来中国居民在外就餐食物供能比显著增加，城乡及地区间差异逐渐缩小；高能量、高脂肪食物和低碳水化合物、低膳食纤维食物的膳食结构是在外就餐的重要特点；年龄、教育程度、收入和饮酒及社区环境等是成年居民在外就餐的重要影响因素；在外就餐食物供能比与成年男性居民的超重和中心性肥胖危险增加有着密切关系。

综上所述，国内外众多学者对居民的食物消费进行了研究，这些研究大多集中于对城乡居民食物消费需求和消费总量的趋势性分析，特别是农村地区的研究。虽然近年来国内学者从经济因素（主要是收入和价格）方面对食品需求的影响进行了定量研究，关注农村地区的较多（Catherine，1994；Jikun Huang，1995；Gao，1996；Colin，1999；Cheng Fang，2002；食物消费升级模式与粮食安全政策分析评估课题组，2007；张玉梅，2012；李志强，2013），而充分考虑城镇居民的异质性、多元性和消费的多样性等特点，并将城镇作为一个单独区域进行针对性研究的较少，且将人口统计学特征作为影响居民食物消费的重要变量，从社会发展与营养需求等视角方面对城镇居民食物消费结构和消费行为进行研究的还较少。同时，在外就餐作为城镇居民食物消费的重要组成部分，不仅对居民的膳食结构和营养健康有着重要影响，而且在人们食物消费研究中有重要的地位和作用。因此，在进行食物消费研究，需将在外消费纳入食物消费进行系统研究；如缺少对在外消费的研究，就缺乏对食物需求系统的整体认识，可能会对研究结果产生影响，但目前对在外就餐的定性和定量分析研究还比较少。

第三节 技术路线和方法

一、技术路线

本文在充分查阅资料、整理文献的基础上，主要采用如下图的技术路线开展研究工作：

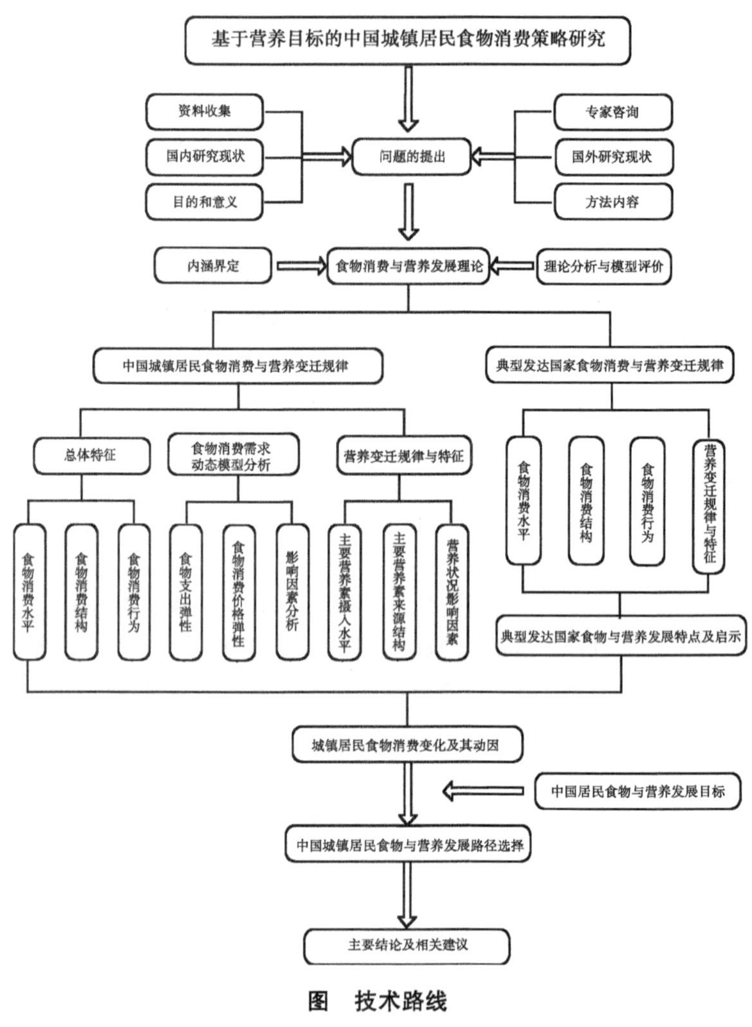

图 技术路线

二、主要研究方法

本研究借助消费经济学、计量经济学、管理学和营养学等理论方法，在分析中国城镇居民食物消费变迁特征、消费需求特点的基础上，运用国外较为成熟的消费需求理论和模型，将收入分组等人口特征作为消费需求的重要影响因素，对中国城镇居民食物消费需求进行动态分析，以探索中国城镇居民食物消费的演变规律及其促进食物消费转型升级的动因所在；同时，结合典型发达国家处于较高经济发展水平下，分析居民食物消费变化和营养变迁特征，以期为中国食物与营养发展提供借鉴。在比较分析未来一段时期，中国城镇居民食物消费与营养摄入等与国家制定的发展战略目标差距的基础上，提出促进城镇居民食物与营养发展策略和路径选择，以期为中国居民食物消费引导、食物生产发展和农业结构调整，以及居民营养健康改善等政策的制定提供参考依据。本研究的主要研究方法有：一是理论与实证研究相结合，二是定性分析与定量分析相结合。研究中主要运用了经典的消费需求系统，并将人口统计学特征作为重要的内生变量对模型进行了修正。

三、数据来源

本研究的数据来源主要有：一是国家统计局发布的历年中国统计年鉴。二是国家统计局城镇社会调查统计资料，包括城镇居民住户调查资料、生活和价格统计资料等。三是联合国粮农组织（FAO）数据库中的食物平衡表各国居民食物消费与营养摄入量等数据，世界银行各国经济社会发展数据库，美国农业部、美国国家统计局的食物消费数据和住户调查数据，日本国家统计局的住户调查年鉴中的食物消费相关数据。四是国家卫生统计年鉴、中国居民营养与健康状况调查数据。

第四节 研究的目的和意义

一、研究的目的

近年来，中国城镇化、农业现代化战略加快推进，城镇居民的异质化程度进一步增强，消费的群体大、层次多、变化快和导向强等特点将进一步显现，在全国食物与营养发展中的地位和作用将更加凸显。那么，在新的历史条件下，中国城镇居民食物消费转型升级的动因究竟是什么，影响程度有多大？居民食物与营养发展与理想目标的差距有多远，与发达国家的发展情况的差距有多少？未来一段时期，如何基于营养目标加快促进中国城镇居民食物消费转型升级、膳食营养改善和健康水平持续提高？正是基于以上的疑问，本研究的主要目的是，进一步明确中国城镇居民食物消费转变的动因和趋势，厘清居民食物营养发展与理想目标的差距、与发达国家发展的差距，并以营养目标为导向，借鉴国际经验，试图找到基于营养目标的中国城镇居民食物与营养发展路径选择，为相关关政策的制定提供参考，以期促进居民食物消费转型升级和膳食结构的合理搭配，进而实现食物与营养发展战略制定的营养目标。本研究的主要目标包括以下三个方面。

一是准确把握中国经济发展进入小康社会时期居民食物消费的特点、推动食物消费转变的动因及其影响水平和程度，以及居民营养变迁的特征和影响因素等，以期为相关政策制定提供参考。

二是分析国际典型发达国家在人均 GDP 超过3 000美元至 10 000 万美元，特别经济社会发展达到较高水平后，居民食物消费特点和营养状况，为中国今后居民食物与营养发展政策选择提供借鉴。

三是探索提出未来一段时期适合中国国情、基于营养目标的中国城镇居民食物与营养发展策略选择，以期为中国食物生产发展、居民食物消费转型升级和膳食营养更加科学合理等相关政策制定提供参考。

二、开展本研究的意义

民以食为天。食物消费是城乡居民日常生活必不可少的重要内容之一，是人们维持生存、获取营养、提高健康状况的基本需求。居民食物消费模式的变化，不仅关系着国民营养健康状况的改善，也影响着政府食物生产、加工、流通和消费等的政策制定，更是关系国家长治久安的基础战略之一。未来的农业政策必须考虑农业产业和卫生健康两个方面，从而使农业、营养、卫生、健康等相关保持稳定，促进相关产业和行业的可持续发展，进而使农业和居民健康等都有所受益（John Kearney，2010）。本研究的意义主要体现为以下三个方面。

一是有利于丰富居民食物消费的系统研究。首先，尽管有不少学者已经对中国居民食物消费进行了大量的研究，但大多数研究集中于收入和价格对食物需求影响的定性和定量研究，从营养的视角进行食物消费的研究相对较少。其次，中国城镇化快速发展，已成为社会经济发展的重要战略，城镇居民食物消费作为食物消费研究的重要组成，其引领带动示范作用更加凸显，而这方面的系统研究相对较少。再次，未来5~10年中国经济将保持中高速发展，食物消费的外部环境和内部环境必将发生显著的变化，将食物消费置于中国经济快速发展背景下进行系统研究将丰富中国居民的食物消费理论。

二是有利于以营养为目标、以食物消费需求为导向的食物发展政策的制定。从客观上看，未来一段时期中国经济社会的快速发展，城镇化、工业化、农业现代化的同步推进，居民收入稳定增长、生活水平日趋改善，城乡居民对食物需求的模式必将发生巨大变化，城镇居民的食物消费需求变化将更加明显。从主观上看，居民受教育水平的提升、食物消费需求层次的提高和消费选择空间的加大，将加速食物消费模式的转变。从国际经验来看，当人均GDP处于3 000美元至10 000美元时期，居民食物消费和营养健康状况将发生显著的变化。因此，找出这一关键时期，影响中国城镇居民食物消费模式转变的根本动因及其影响程度，将有助于中国食物发展政策的制定。

三是有利于推动宏观政策的制定。消费作为促进国民经济增长的“三驾马车”之一，具有投资和出口无可比拟的优势：消费，尤其是食物消费具有基础性、可持续性、持久性的特点。在当前国际金融危机复苏乏力和国内经济下行压力加大、增速有所回落、国际贸易持续低迷等情况下，充分发挥消费对经济增长的拉动作用势在必行，这也是近两年来中央政府不断出台促进居民消费政策目的所在。在消费中，食物消费又有自身的特点，其关联了食物供给的上、中、下游的多个环节和多种产业，同时还延伸到与营养相关慢性病的医疗卫生系统；反之，经济发展和政策干预对食物消费结果的影响也是显而易见的。可以说，在经济社会发展中，食物消费的战略地位将越发凸显，甚至是牵一发而动全身。研究基于营养目标的城镇居民食物消费发展策略，对新的宏观经济发展态势下，农业、卫生、营养、食品工业等相关政策的制定有重要参考作用。

第五节 研究内容与创新点

一、研究内容

本研究的主要内容包括：在分析改革开放以来，尤其是以中国居民人均

GDP 突破1 000美元后城镇居民食物消费变化特点的基础上，系统研究中国城镇居民食物消费需求的动态变化情况；在分析影响居民食物消费因素的基础上，运用消费需求理论和经典计量模型，试图找到影响城镇居民食物消费转变的主要影响因素；比较分析国际典型发达国家居民食物消费和营养状况的变迁特点、规律及发展趋势，以期为中国相关政策制定提供参考；比较分析中国食物与营养发展水平与居民理想营养目标的差距，在借鉴国际典型发达国家食物消费与营养发展过程中可能出现的问题及政策措施，提出在未来一段时期基于营养目标的中国城镇居民食物消费与营养改善的路径选择。

二、创新点

本研究的创新点主要有以下几个方面。

一是本研究从中国经济社会发展的视角出发，尤其是人均 GDP 从3 000美元到10 000美元这一关键转型期，运用修正后的 AIDS 模型对中国城镇居民食物消费与营养状况的变迁特点、规律及影响因素进行了动态研究，进一步强化了食物消费的营养导向作用，在理论上丰富了食物与营养发展研究的内容。

二是研究系统梳理了国际典型发达国家美国和日本居民食物消费和营养变迁规律，总结了不同经济社会发展时期的特征及其可能的发展趋势，以期为中国食物与营养发展的未来趋势及相关政策的制定提供参考。

三是研究基于《中国居民膳食指南》和《中国食物与营养发展纲要（2014—2020 年）》提出的营养目标，借鉴国际经验，提出了促进全面小康社会建设时期，中国城镇居民食物与营养发展的路径选择和政策措施，以期为相关政策制定提供决策参考。

第六节　有关概念的界定

食物。从广义上讲，食物是指能够被人们直接食用或经过加工后能够被人们食用的各种天然或加工过的食品；从食物的来源上看，大体上可以分为植物性食物和动物性食物两大类。根据中国国家统计局发布的统计口径，本研究中涉及的植物性食物主要包括粮食（谷物、豆类和薯类）、食用植物油、蔬菜、水果等；动物性食物主要包括肉禽类（猪肉、牛羊肉、禽肉及其制品等）、蛋类、奶类和水产品等。

食物消费。根据国外文献情况看，涉及食物消费的研究中既包括了食物消费水平，也研究了消费结构，还涉及了消费行为（地点）。从经济学的角度看，消费水平和消费结构一方面关系着消费者的福利，另一方面食物消费又是人类生存的基本消费，在中国经济社会发展和居民消费中占有重要的地位和作用。因此，本研究中的食物消费主要包括食物消费水平（支出）、消费结构和消费行为（地点）等。

营养状况和营养素。目前，众多的研究均用营养素来衡量和评价人类的营养状况。营养学家把有人类机体从外界吸取适量的、用以维持生命的有益物质称为营养，而把存在于食物中、能够提供动物生长发育维持生命和进行生产的、对人体健康不可缺少的一些元素或化合物称为营养素。营养学研究将人体必需的营养素划分为宏量营养素和微量营养素两大类，包括碳水化合物、蛋白质、脂肪、维生素、无机盐和水等 50 多种。其中，宏量营养素主要是指人体生命活动中需要量较大、在膳食中占比较大的营养素，主要包括蛋白质、脂肪、碳水化合物等；微量营养素主要是指在人体生命活动中需要相对较少，且在膳食中所占比重也较少的营养素，主要是矿物质和维生素等。根据需要，本研究着重主要分析蛋白质、脂肪等宏量营养素及能量。

膳食营养素参考摄入量。美国于 1944 年最先提出膳食营养素每日推荐量（Recommended Dietary Allowance，简称 RDA），现被广泛用来评价膳食质量和用于指导合理营养。自 20 世纪 90 年代初期，国际营养学界考虑到消除营养缺乏病和降低某些慢性非传染性疾病的需要，进一步拓展了 RDA 的内涵和范围，并增加了可耐受最高摄入量（ULs），形成了比较系统的新概念——膳食营养素摄入参考量（Dietary Reference Intakes，简称 DRIs）。1998 年，中国营养学会将 DRIs 的概念引入中国，并修订了中国居民的 RDA 值，制订出了中国居民膳食营养素参考摄入量；2000 年，中国营养学会在总结中国居民膳食营养和营养科学发展的基础上，对《中国居民膳食营养素摄入量》进行了修改，提出了各种营养素的参考摄入量。

营养目标。为给居民提供最根本、准确的健康膳食信息，指导居民合理营养、保持健康，中国营养学会根据营养学原理，紧密结合中国居民膳食消费和营养状况的实际情况，于 1989 编制出版了第一版《中国居民膳食指南》。之后，在 1997 年的修订版中量化设计了“中国居民平衡膳食宝塔”，以简明扼要、通俗易懂的宝塔图形提出了每日食物指导方案。随着中国食物生产、居民生活和营养科学的进步发展，2016 年中国营养学会进一步结合中国居民食物消费、营养需求和生活方式等情况，又对膳食指南进行了科学修订。针对中国居民营养与健康中“营养摄入不足与过剩同在，营养缺乏病与营养相关慢性病并存”的现状，新版膳食指南以先进的科学证据为基础，密切联系实际情况，提出了选择平衡膳食、注意食品卫生、进行适当身体活动、保持健康体重等建议，对居民摄取合理营养、避免由不合理膳食带来的慢性非传染性疾病等具有普遍的指导意义。同时，2014 年国务院办公厅发布了《中国食物与营养发展纲要（2014—2020 年）》，对 2020 年中国食物与营养发展提出了具体的目标。本文所指营养目标正是以《中国居民膳食指南》和《中国食物与营养发展纲要（2014—2020 年）》中的食物推荐摄入量或消费量和主要营养素建议摄入量为理想目标值。

城镇居民。国家统计局统计资料指出，户口在本地区的常住非农业户；户口在本地区的常住农业户；户口在外地，居住在本地区半年以上的非农业户；户口在外地，居住在本地区半年以上的农业户。包括单身户和一些具有固定住宅的流动人口。

本研究未涉及中国香港、中国澳门特别行政区和台湾省。

第二章　消费研究经典理论与方法回顾

第一节　消费函数理论概述

一、经典消费函数理论概述

消费是微观经济学中的基本问题之一，它既是一切经济活动的起点，也是终点。在完全竞争市场中，消费者在收入约束条件下根据实物的价格水平做出最优的决策行为，实现效用最大化的目标。在消费理论中，收入是影响消费需求的主要因素，这也成为消费函数研究的重要内容之一。从国际研究的发展历程看，西方经济学家关于消费函数的研究大致经历了三个阶段。

一是 20 世纪 30 年代，主要研究消费支出与收入的关系。这一阶段最著名的具代表性的是凯恩斯的绝对收入假说和杜森贝里的相对收入假说。其中，凯恩斯的绝对收入理论第一次从宏观经济学的角度把消费与收入联系起来，指出随着人们收入的增长，消费支出也会增长，但消费支出在总收入中所占的比重却是不断减小的，也就是消费倾向递减规律；但它主要是一种基于心理分析的主管推测和判断，缺乏经验研究的支持和实践论证。杜森贝里则认为，消费存在“示范作用”，消费者的消费支出不仅受自身收入水平的影响，也受别人消费支出和收入水平的影响，故随着消费者收入的增加，消费增量在收入增量中的比例不一定是递减的。他还指出，短期内的消费支出受到消费习惯的影响，即消费支出不仅受当期收入的影响，而且受往期收入与消费关系的影响，尤其是“高峰期”收入的影响，存在一种近似的“棘轮效应”的作用；但长期看，消费支出在收入中所占的比例不变，即平均消费倾向不变。但西蒙·库兹涅茨对美国 1869—1933 年的消费资料进行研究后发现，长期消费倾向是稳定甚至是略有上升的，凯恩斯的消费理论所得出的结论与事实发生的情况并不完全一致。

二是20世纪50年代中期到70年代中期，消费函数的研究被纳入了微观经济学中消费者行为最大化的理论范畴。这一阶段的典型代表是弗里德曼的持久收入假说和莫迪利安尼的生命周期假说。弗里德曼的“持久收入假说”认为，消费者在某一时期的收入等于暂时收入加上持久收入，而其在某一时段的消费等于暂时消费加上持久消费，强调了未来收入对现期消费的影响，但收入和消费之间没有固定的比率关系。莫迪利安尼则认为，消费者的实际支出在任何时期都根据消费者的生活水平而发生变化，而其生活水平与其财政拥有水平却不是收入水平保持稳定的比率关系，消费者一生中的不同阶段的消费倾向是不相同的，强调了人们为退休后的生活而储蓄，即把收入分配到整个一生中，使消费从中获得最大效用。但随后的许多研究表明，人们的消费很少遵循生命周期模型和持久收入假说，而是更加符合凯恩斯的绝对收入假说。

三是20世纪70年代后期到80年代初，预期性因素被引入消费函数研究。这一阶段的代表性是，霍尔将理性预期因素引入生命周期和持久收入假说。在随后的研究中，西方学者研究这发现，消费者在进行消费行为决策时，往往面临不确定性和流动性约束等其他因素，因此对消费函数模型进行了多种改进，包括流动性约束模型、预防性储蓄、遗漏信息模型、消费习惯模型、位置消费理论、绿色食品消费理论等。

从国内学者对中国居民的消费研究看，学者们在应用西方经济学方法进行研究的同时，更加注重了中国国情，不仅分析了中国居民消费的特点，并试图提出相关理论和建立适合中国国情的研究方法。臧旭恒（1994）的研究发现，1978年前，中国居民的消费是被束缚的、原始的、短期的消费行为，近似于凯恩斯的消费行为；1978年后，消费者的行为逐渐转向新古典消费理论，并将其假定为攀附的、过渡性前瞻行为，城乡居民的消费示范效应随着收入差距的扩大而强化，且农村要高于城市，指出分城乡建立模型、分阶段建立模型、城乡居民的消费模式随着外部约束条件的变化而变化；但其研究所用数据局限至1991年，那时中国经济处于发展的初期阶段。余永定（2000）的研究指出，中国居民的消费行为具有两个重要特点：一是注重实现当前阶段的效用最大化，而较少考虑未来阶段消费的效用最大化；二是生命周期中存在特定的消费支出高峰及相应的储蓄目标。这两个特点主要是由于中国居民消费中未来长期目标的不确定性、信息缺失、收入来源和体制等方面的原因造成的。宋冬林等（2003）认为，有关消费函数的研究表明，西方传统消费理论在解释中国现阶段尤其是转轨时期的消费者行为时具有一定的局限性，表现为解释力不足，主要原因是在转轨期中国居民消费存在明显的过度敏感性。

二、消费异质性理论概述

传统经济学的分析框架是以“有限理性经济人”假设为基本前提的。在这一分析框架下，人是“同质”的，人与人之间具有完全的可替代性。“有限理性经济人”所代表的同质人的行为、性质或特征就是整个人类的行为、性质或特征。而从现实中看，“同质”的“有限理性经济人”假设有一定的局限性，现实中的人既有共性又有差异性。受遗传基因、教育水平、外部环境等因素的影响，作为经济主体的人的文化素质、能力水平、欲望行为等是不同的，即人是异质的（刘海生，2003），这必然将导致人在消费等行为上存在个体差异。消费经济学理论指出，人们的收入水平并不完全一致，收入的差别反馈到消费领域必然引起消费者的消费水平有高有低、可能占用的消费品有多有少，且质量和档次也不一样，即消费者的消费存在异质性。消费习惯形成理论认为，习惯形成分为两部分，一是内部习惯形成，即所谓的消费者自身消费受其前期消费习惯的影响；二是外部习惯形成（示范效应），即消费者的消费行为受周围居民消费行为的影响。有学者认为，习惯形成理论是消费行为产生异质性的重要理论基础之一，同时持久收入假说与生命周期假说中关于收入与消费行为的理论也为消费者消费行为差异性研究提供了重要理论基础支撑。

早在20世纪70年代，Pinstrup-Andersen and Caiecdo（1978）指出，居民消费行为会随着家庭总收入水平的不同而变化；Jones and Mustiful（1996）对不同收入阶层早餐食物消费的分析指出，低收入群体的食物消费具有较高的消费支出弹性。朱信凯（2003）运用双扩展线性支出系统模型研究了不确定性与农户消费的关系，指出不同收入等级农户的边际消费倾向在某些种类的消费是不同的，在另一些种类上则是相同的；还得出中国农户消费行为存在明显的地区差异，东、中、西部地区农户的消费倾向不断上升。李锐等（2004）就不同类型的收入对农村居民消费的影响进行了检验和分析，认为弗里德曼的持久性收入假说能更好地解释中国农村居民的消费行为，提高农村居民的消费水平，稳步提高农村居民的持久性收入水平等的政策措施能有效激活农村消费市场。赵卫亚（2012）基于习惯形成理论对中国城镇居民消费行为的异质性进行了研究，认为中国城镇居民内部的收入差距已经十分明显，这直接导致了城镇居民的消费行为具有较强的异质性，这种异质性在不同收入阶层居民的差异性有较为明显的体现，即城镇居民消费行为存在较为明显的内部各收入群体的消费异质性。他们的研究指出，消费行为的不同，可以通过收入的不同和食物消费购买选择的不同等个体或家庭特征表现出来，这也是消费群体分组的基本原则。这些理论为分析不同收入等级消费群体的食物消费需求情况奠定了理论和实证基础。

第二节　需求函数理论与食物消费研究的主要模型

一、需求函数理论概述

一般来说，需求指人们在欲望的驱动下，在一定的货币支付能力水平上，一种可行的、有条件和最优的消费选择，是购买欲望和购买能力的统一。以生产者的视角对消费理论的认知，主要包括两个方面：一是消费者的实际需要，二是消费者愿意支付并有能力支付的货币数量。前者取决于消费者实际需要的商品的价格和替代商品的价格，后者取决于消费者的实际收入水平和消费者的支付心理。古典消费需求理论指出，对商品的消费偏好、商品的价格和消费者的收入水平是形成需求的三大要素。需求理论的主要内容是探讨理性消费者在各种商品价格水平和收入约束条件下，如何选择所要消费商品的种类、数量等。

需求函数就是用以表述消费者对商品或服务的需求规律的数量关系式；研究消费者需求的目的主要是为制定政策提供科学依据，也可以用于制定商业营销策略。“合成商品理论”（Hicks，1936；Liontief，1936）为消费需求研究提供了很好的思路和方法。该理论认为，如果一组商品的价格成比例地平行移动，这组商品可以作为一种单独的商品对待（Deaton and Muellbauer，1980）。但在实践中，受其限制性太苛刻影响，很多经验研究不能满足。而在消费者效用函数弱可分的情况下，可首先在大类消费商品组间分配消费者的支出，而后在组内细分不同商品的支出，即两阶段预算理论（Gorman，1959；MaCurdy，1983；Browning，1985），也只有在效用可分的前提下，才能按照两阶段预算进行处理（Deaton and MUellbaUer，1980）。

二、食物消费需求研究的主要模型

在过去的几十年里，需求函数模型为西方学者广泛研究，建立了很多需求系统模型，成为理论发展和实证研究方面最活跃的领域之一。比较著名的有恩格尔曲线及恩格尔定律；Stone（1954）根据消费者理论提出的线性支出需求系统（LES），其后发展为多种需求函数模型；Liuch（1973）提出了扩展的线性支出系统需求模型（ELES）；Deaton 和 Muellbauer（1980）提出了几乎理想的需求模型（AIDS）等，以及基于几乎理想需求系统的各种扩展模型。

（一）恩格尔定律

随着收入的增加，消费者用于消费的预算也相应的增加，在商品价格不变的情况下，商品的需求量也必然会受到影响；在每一收入水平下，都有这样一个商品的消费量组合，既能满足预算约束，又能产生最大效用，这种组合成为最佳组合。显然，随着收入的增加，在商品价格不变时，最佳组合也会变化。将收入与该商品的需求量置于二维空间，当所有的消费品价格不变时，所有的收入变化与该商品相对应的需求量形成一条曲线，这条曲线救市恩格尔曲线。该曲线源自 E. Engel 对收入与食物消费之间关系的研究。在其他条件不变的情况下，随着收入水平的提高，食物支出占消费总支出的比重呈下降趋势。食物支出与消费总支出的比值即为恩格尔系数，系数越大富裕程度越低，系数越小富裕程度越高。随着经济社会的发展，经济学家又对恩格尔定律做了若干补充，恩格尔定律的内容有所增加。目前，西方经济学对恩格尔定律的表述如下：随着家庭收入的增加，用于购买食品的支出占家庭收入的比重（即恩格尔系数）会下降；随着家庭收入的增加，用于家庭住宅建设和家务经营的支出占家庭收入的比重大体不变；随着家庭收入的增加，用于服装、交通、娱乐、卫生保健、教育方面的支出和储蓄占家庭收入的比重会上升。国际生常用恩格尔系数来衡量一个国家和地区人民生活水平的状况。联合国粮农组织提出，恩格尔系数在 59%以上为贫困，50%~59%为温饱，40%~50%为小康，30%~40%为富裕，低于 30%为最富裕。

（二）线性支出系统和扩展的线性支出系统

1954 年英国计量经济学家 R. Stone 在 Cobb-Douglas 函数的基础上提出了线性支出系统（Linear Expenditure System，LES）。线性支出系统（LES）将需求分为基本需求和附加需求两部分，基本需求不随预算变化而变化，并假定边际预算份额对于所有人都是相同的，与消费水平无关，即该系统的三个前提假设：

一是在一定时期内，消费者对商品的需求量取决于消费者的收入水平和商品的价格。二是消费者对某种商品的需求量，包含了基本需求与附加需求两部分；而消费者用于该商品的消费支出就包括基本需求支出和附加需求所需的非基本需求支出两部分。三是对所有消费者而言，对某种商品的边际预算份额都是相同的。

实践经验表明，线性支出系统（LES）形式简单，性能优良，具有需求函数的五个基本特征，即非负性、可加性、零次齐次性、对称性和单调性，是一个经济意义清楚、应用广泛的模型，是一个联立方程组。该系统的数学形式可以表达为：

$$P_iQ_i = p_ir_i^0 + \alpha_i(V - \sum p_jr_j^0) \text{ , } i=1, 2, 3\cdots n$$

LES 模型的经济学解释是：消费者对第 i 种商品的消费支出额分为两部分：一是对该种商品的基本消费支出，即 $P_iQ_i^0$ 表示第 i 种商品的基本消费支出；二是预算总支出中除去对所有商品的基本消费支出后剩余部分用于第 i 种商品的部分，即 $\alpha_i(V - \sum p_jr_j^0)$ 表示消费者在消费总支出中减去对所有商品基本消费支出后剩余部分用于对第 i 中商品的消费支出。其中，P_iQ_i 表示第 i 中商品的消费支出；V 表示消费总支出；α_i 表示边际预算份额，即在可任意支配的预算支出额中用于购买第 i 种商品的份额，并且需满足 $0<\alpha_i<1$，$\sum_{i=1}^{n}\alpha_i = 1$，$P_i$ 为外生变量，Q_i 为内生变量，α_i 和 r_j 为待估参数。

经济学家 C. Luch 在线性支出系统的基础上于 1973 年提出把储蓄同样看作一种物品，直接引入效用函数，形成了扩展的线性支出系统（Extended Linear Expenditure System，ELES）。在模型设计方面，由于引入了储蓄，ELES 做了两点发展：一是以可支配收入代替总消费支出，二是以边际消费倾向代替边际预算份额。ELES 的基本形式是：

$$P_iX_i = P_iX_i^0 + b_i^*(Y - \sum P_jX_j^0) \text{ , 其中 } i=1, 2, 3\cdots n$$

其中 b_i^* 为边际消费倾向，且 $0\leqslant b_i^* \leqslant 1$，$\Sigma b_i^* \leqslant 1$。$Y$ 为人均可支配收入。在该模型中，总预算支出 Y 不再是外生变量，而是作为内生变量由 $\sum P_iX_i$ 计算得到。ELES 模型将消费者的总需求分为基本需求和超额需求两部分，而其分析的是消费者在各类商品中的支出额，因此，收入可用家庭人均收入来表示，计量模型的表达式为：

$$P_iQ_i = \alpha_i + b_iY + \varepsilon_i$$

其中，$\alpha_i = p_i\gamma_i - b_i\sum_{j=1}^{n}p_i\gamma_i$，$\alpha_i$ 和 b_i 为待估参数，ε_i 为随即干扰项。

通过分析可以得到：

①边际预算份额 $\beta_i = \dfrac{b_i}{\sum b_i}$，

②第 i 类商品的基本消费支出 $p_i\gamma_i = \alpha_i + b_i\left[\sum_{i=1}^{n}\alpha_i/(1 - \sum_{i=1}^{n}b_i)\right]$，

③各类商品需求的收入弹性 $\eta_Y = b_i \frac{Y}{E_i}$，

④第 i 类商品需求的自价格弹性 $\eta_i = (1 - b_i)\frac{p_i y_i}{E_i} - 1$，

⑤商品需求的交叉价格弹性 $\eta_{ij} = - b_i \frac{p_j y_j}{E_i}$。

（三）几乎理想需求模型

1980 年，Deaton 和 John Muelbauer 在 Working 和 Leser 有关恩格尔曲线理论的基础上引入价格变量后进行了扩展，提出了几乎理想需求模型（Almost Ideal Demand System，AIDS），其构建的思路是：在既定的价格体系和一定的效用水平下，消费者如何用最少的支出达到给定的效用水平。

假定消费者行为满足理性选择偏好假说，则用于描述这类偏好支出的 PIGLOG（Price Independent Generalized Log）（Muellbauer J. 1975，1976）函数可以表示为：

$$\log[C(u, p)] = (1 - u)\log(\alpha(p)) + u\log(\beta(p))$$

其中，u（0≤u≤1）为效用指标，u=0 时表示仅维持基本生理需要时的效用，u=1 表示效用达到最大满足；a（p）和 b（p）为适当的其次线性函数。

间接效用函数：

$$\ln V(p, m) = \{[\frac{\ln m - \ln a(p)}{b(p)}]^{-1} + \lambda(p)\}^{-1}$$

其中，$\ln a(p) = \alpha_0 + \sum_{i=1}^{s}\alpha_i \ln p_i + \frac{1}{2}\sum_{i=1}^{s}\sum_{j=1}^{s}\gamma_{ij}\ln p_i \ln p_j$

b（p）为柯布-道格拉斯生产函数，$b(p) = \prod_{i=1}^{s} p_i^{\beta_i}$

$$\lambda(p) = \sum_{i=1}^{s}\lambda_i \ln p_i$$

P_i 是第 i 中商品的价格，i=1，2，…s。

几乎理想需求系统（AIDS）的一般形式为：

$$w_i = \alpha_i + \beta_i \ln(\frac{X}{P}) + \sum_{j=1}^{s}\gamma_{ij}\ln p_j$$

AIDS 模型以偏好的弱可分性为假设前提，允许对预算支出份额阶段进行估计，引入时间变量后，可表达为：

$$w_{it} = \alpha_i + \beta_t \ln(\frac{X}{P}) + \sum_{j=1}^{s} \gamma_{ij} \ln p_{jt}$$

其中，$\ln P_t = \alpha_0 + \sum_j \alpha_j \ln p_{jt} + \frac{1}{2} \sum_j \sum_i \gamma_{ijt} \ln p_{it} p_{jt}$

其中，i，j=1，2，3…n，i 为第 i 种商品，j 为 j 个阶段。

w_i 是第 i 种商品支出占消费总支出的比例，即 $w_i = \frac{p_i q_i}{x}$，其中 p_i 是第 i 种食物的价格，q_i 是购买或消费第 i 种食物的数量，m 是需求系统中所有食物的消费总支出。

所有物品的消费支出份额之和为 1，即：$\sum_{i=1}^{K} w_i = 1$；X 是消费总支出，P 为价格指数，即 Stone 价格指数近似值，定义为 $\ln P = \sum_i w_i \ln(p_i)$。

该模型还必须满足：

（1）可加性，即：$\sum_i \alpha_i = 1$，$\sum_i \beta_i = 0$，$\sum_i \gamma_{ij} = 0$；

（2）齐次性，即：$\sum_j \gamma_{ij} = 0$；

（3）对称性，即：$\gamma_{ij} = \gamma_{ji}$；

（4）负性，即；$\gamma_{ij} \leqslant 0$；

可加性意味着在任何时期，不同种类商品的支出之和必须等于总支出；同一性要求所有商品的价格和收入按照相同的比例变化，需求量保持不变；对称性确保补偿的需求曲线对商品的价格来说是其次的。

在该系统中，α_i表示当所有价格和真实支出的对数等于 1 时的平均预算份额；消费系数β_i表示当其他变量不变时，随着真实收入的变化，第 i 种商品支出份额的变化。负的消费系数意味着该商品是必需品，相反，正的消费系数表示该商品是奢侈品。因此，当β_i>0 时，随着总支出（收入）的增加，第 i 种商品的支出份额 w_i也将增加；反之，如β_i<0，w_i将随着总支出（收入）的增加而减少；价格系数表示，在真实收入不变的情况下，随着价格一定比例的变化，其预算份额发生变化的程度。由于没有更多的约束，在收入变化很大的情况下，AIDS 模型预测的预算份额可能会跳出［0，1］范围（Rimmer，1996）。

就参数估计而言，第 i 中食物的支出（收入）弹性为：

$$e_i = 1 + \frac{\beta_i}{w_i}$$

食物未补偿的价格弹性为：

$$e_{ij}^{u} = -\delta_{ij} + \frac{1}{w_i}[\gamma_{ij} - \beta_i \times (\alpha_j + \sum_l \gamma_{jl}\ln p_l)]$$

补偿的价格弹性遵循 Slutsky 等式，即：$e_{ij}^{c} = e_{ij}^{u} + e_i w_j$ 。

Banks 等（1997）根据 PIGLOG 偏好的扩展形式，在 AIDS 模型的基础上提出了二次平方的几乎理想需求系统（Quadratic Almost Ideal Demand System, QUAIDS）。该模型与 AIDS 模型的要求一样，需所有物品的消费支出份额之和为 1，即：$\sum_{i=1}^{K} w_i = 1$。第 i 种食物的支出份额可以表示为：

$$w_i = \alpha_i + \sum_{j=1}^{s} \gamma_{ij}\ln p_j + \beta_i \ln[\frac{m}{P(p)}] + \frac{\lambda_i}{b(p)}\{\ln[\frac{m}{P(p)}]\}^2$$

其中，$b(p) = \prod_{i=1}^{K} p_i^{\beta_i}$

$$\ln P(p) = \alpha_0 + \sum_{i=1}^{K} \alpha_i \ln p_i + \frac{1}{2}\sum_{l=1}^{K}\sum_{j=1}^{K} \gamma_{ij}\ln p_i \ln p_j$$

其中模型中的参数需要满足可加性、齐次性、对称性等约束条件，即：

（1）可加性，$\sum_{i=1}^{K} \alpha_i = 1$，$\sum_{i=1}^{K} \beta_i = 0$，$\sum_{i=1}^{K} \lambda_i = 0$；

（2）齐次性，$\sum_{i=1}^{K} \gamma_{ij} = 0 \forall_j$ ；

（3）对称性，$\gamma_{ij} = \gamma_{ji}$ 。

第三节　本书中食物消费研究模型的确定

在以上的分析模型中，LES 及 ELES 模型、AIDS 模型在国内学者的分析中应用较多。这些模型的共同特点是在理性假说前提下，从特定形势的效用函数出发，求解出消费者选择并建立可计量的经济模型。但 ELES 模型是在预算约束条件下求解效用最大化问题，消费者的选择是“马歇尔需求函数”；而 AIDS 模型是在给定价格体系和效用水平下，求解最小成本问题，得到的是“补偿的需求函数”，即“希克斯需求函数”。有研究表明，以希克斯需求为理论依据的需求模型拟合度优于马歇尔需求为理论依据的需求模型（范金，2011）。从对数据的依赖性来说，ELES 模型的优势在于计算自价格弹性和交叉价格弹性时，无需任何有关价格的信息，可方便地计算出消费者的最低生活标准，对于制定实施最低生活标准具有重要的现实意义；AIDS 模型中有关消费支出的原始数据一律采用相对比重指标，可以在一定程度上减少统计工作中由于某种相似原因处理数据造成的误差和错误。因此，两个模型使用于不同的数据集。从参数估计来看，两种模型存在较大的差别。ELES 模型只能估计包括边际消费倾向在内的部分参数，而且大部分参数是需要通过计算才能得到的，但该模型可以方便地计算出消费者的最低生活标准，对于制定实施最低生活标准具有重要的现实意义；而 AIDS 模型可以直接估计几乎所有能够解释消费结构的参数。QUAIDS 模型具有 AIDS 的优点，并将 AIDS 模型中假定的恩格尔曲线与总支出对数的关系从线性相关关系转变为非线性，即恩格尔曲线是支出对数的二次形式；同时，从实际应用中来看，QUAIDS 对所应用数据的质量要求更高，不仅要求使用住户的数据信息，价格数据也往往采用计算而来，通常情况下不使用价格指数进行替代计算。此外，QUAIDS 模型中可以综合考虑引入住户人口数量、城乡差异、收入分层等人群特征变量，从而更能有效解决在利用 AIDS 模型时将这些因素忽略的问题，能够对消费者进行细分研究，更好地分析研究具有不同特征人群的消费特征；与 AIDS 模型一样，QUAIDS 模型预测的预算份额可能跳出［0，1］的范围，且更适合于价格呈现更广泛的变化（Cranfield，2003）。

考虑到数据的可得性以及各种食物恩格尔曲线与食物消费总支出的关系，在综合评价的基础上，本研究将这些影响因素综合为人口统计学变量引入，对 AIDS 模型进行系统修改和完善。其中支出函数（Ray，1983）可以表示为：

$$e(p,\ z,\ u) = m_0(p,\ z,\ u) \times e^R(p,\ u)$$

其中，z 表示特征向量，$m_0(p,\ z,\ u)$ 表示引入特征变量的尺度函数，$e^R(p,\ u)$ 表示代表性住户家庭的支出函数，u 为效用值。

Ray 对尺度函数做了进一步的简化处理：

$$m_0(p,\ z,\ u) = \overline{m_0}(z) \times \phi(p,\ z,\ u)$$

其中，$\overline{m_0}(z) = 1 + \rho' z$，ρ 为待估参数向量。

Poi（2012）将 $\phi(p,\ z,\ u)$ 简化为：

$$\ln\phi(p,\ z,\ u) = \frac{\prod_{j=1}^{s} p_j^{\beta_j}\left(\prod_{j=1}^{s} p_j^{\eta_j' z} - 1\right)}{\frac{1}{\mu} - \sum_{j=1}^{s} \lambda_j \ln p_j}$$

其中，η_j为 k * s 的矩阵中 η 的第 j 列，k 为人口统计特征变量的个数。

按照 Poi（2012）的方法，令参数 $\lambda_i = 0$，即：

$$\ln\phi(p, z, u) = \frac{\prod_{j=1}^{s} p_j^{\beta_j}(\prod_{j=1}^{s} p_j^{\eta_j' z} - 1)}{\frac{1}{\mu}}$$

此时，该模型即为含有人口特征变量的 AIDS 模型，修正后可以表达式为：

$$w_i = \alpha_i + \sum_{j=1}^{s} \gamma_{ij}\ln p_j + (\beta_i + \eta_i' z)\ln[\frac{m}{\overline{m_0}(z)P(p)}] + \varepsilon_i$$

就参数估计而言，第 i 中食物的支出（收入）弹性为：

$$e_i = 1 + \frac{1}{w_i}[\beta_i + \eta_i' z]$$

食物未补偿的价格弹性（马歇尔需求价格弹性）为：

$$e_{ij}^u = -\delta_{ij} + \frac{1}{w_i}[\gamma_{ij} - (\beta_i + \eta_i' z)]$$

补偿的价格弹性（希克斯需求价格弹性）遵循 Slutsky 等式，即：

$e_{ij}^c = e_{ij}^u + e_i w_j$ 。

修正后的 AIDS 模型也必须满足标准 AIDS 模型所要求的加总性、齐次性和对称性等约束条件。

第四节　居民营养变迁理论概述

居民营养变迁与人口学和流行病学的转变密切相关。在过去的 3 个多世纪里，尤其是 20 世纪末的 10~20 年，居民的膳食结构和行为方式发生了巨大转变，主要变现是：现代社会似乎越来越集中在高脂肪、糖和精致的食物以及较少膳食纤维的膳食模式——这被称为“西方膳食模式”，同时较低水平的身体活动成为人们生活方式的显著特征。Pokin（2003）提出了营养变迁理论，指出城镇化、经济增长、技术进步、宗教文化和食品加工以及休闲娱乐方式、大众传媒的增加等因素是人类营养健康变化的重要驱动力，并将营养变迁划分为如图所示五个阶段（Pokin，1998）：第一阶段为食物搜寻，第二阶段为饥饿。第三阶段为饥饿减少阶段。在这一阶段中，随着收入的增加，饥饿考试减少，以高淀粉、低脂肪、高纤维食物为主，且食物种类相对较少，引起居民营养健康问题出现，尤其是妇幼保健不足和断奶相关疾病及发育迟缓等疾病；死亡率呈缓慢下降趋势。第四阶段为退行性疾病阶段。其中，居民食物消费中脂肪、糖和加工食品明显增加，居民膳食和身体活动行为模式的转变导致肥胖、骨质疏松等骨密度问题和其他营养相关的非传染性开始增加，但预期寿命随着营养水平的提高而有所增加。第五阶段是行为改变阶段。其中，居民食物消费中脂肪摄入量明显减少，蔬菜、水果、膳食纤维等食物摄入量明显增加，休闲娱乐等活动方式得到有意识的改变，身体脂肪量不断减少、骨骼健康状况得到改善，进而提高老龄化人群的健康水平，营养相关的慢性非传染性疾病发病情况逐步减少。

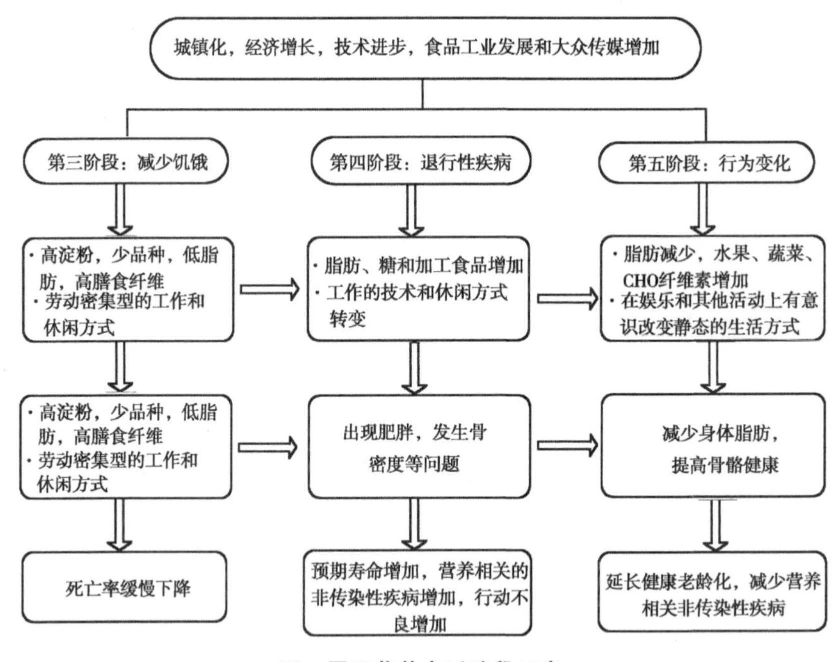

图　居民营养变迁阶段示意

随着中国经济的快速发展、城镇化和农业现代化战略的加快推进，食物供给已实现了从严重短缺、品种单一向丰年有余、品种丰富、质量有保障转变，其中粮食生产连续 11 年稳定增长并保持在 5 000 亿 kg 以上，肉类、奶类、蛋类等畜产品稳定增加，蔬菜、水果等极大丰富，人们食物消费的选择空间不断加大；农产品质量安全水平不断提升，2013 年蔬菜、畜产品、水产品等主要农产品监测合格率都超过 96%，连续 6 年稳定在 96% 以上的高位水平。与此同时，随着收入水平不断提高，中国居民的膳食结构正在发生着巨大转变，加上身体活动和生活方式的变化，居民营养状况正在经历着明显的变迁过程。从现实情况看，中国居民的营养状况正在经历 Pokin 所描述的营养变迁规律的第四阶段，即退行性疾病阶段，其特点表现为丰富的食物供给，身体活动量的减少和营养相关的慢性非传染性疾病发生情况明显增加等。

第三章 中国城镇居民食物消费状况变迁特征分析

消费能力是指消费者对所需消费品和劳务的货币支付能力。改革开放以来，我国经济社会稳定发展，GDP 和人均 GDP 均实现了持续快速增长（图 3-1），并且在 20 世纪 90 年代后期实现快速发展；进入新千年以来，我国社会经济实现了前所未有的增长，年均增长速度更是保持在 8%以上的水平。总的来看，全国 GDP 总量和人均 GDP 以较为趋同的态势持续增长。值得注意的是，2001 年我国成功加入 WTO，这一年我国的 GDP 总量持续增长至 1.3 万亿美元，人均 GDP 超过 1 000 美元，达到 1 041.6 美元。在之后的 7 年里，我国经济保持平稳较快的增长速度，2008 年全国 GDP 总量达 4.6 万亿美元，人均 GDP 为 3 471.3 美元，分别比 2001 年增长了 3.54 倍和 3.33 倍，年均增速分别高达 36.2%和 33.3%。但 2009 年，我国经济增长速度有所突降，全国 GDP 总量和人均 GDP 分别为 5.1 亿万美元和 3 838.4 美元，同比分别增 10.87%和 10.57%，之后的两年里又快速回升高速增长。继此之后，从 2011 年开始，我国经济增速趋缓，尤其是 2016 年，全国 GDP 总量和人均 GDP 比上年只略微增长 1.14%和 0.60%。“十三五”以后又高速增长，2017 年全国 GDP 总量达 12.2 万亿美元，同比增 9.4%（可比价同比增 6.9%），仅次于美国，为全球第二大经济体；人均 GDP 为 8 827 美元，同比增 8.7%。

当前，中国人均 GDP 已超过 8 000 美元，正处于人均 GDP 3 000~10 000 美元的消费转型关键期（路红艳，2011）。通常意义上，消费者的消费行为受到其社会经济、个人偏好、市场条件以及知识水平等多种因素的影响。就食物消费而言，主要影响因素包括消费者的收入水平、消费习惯和偏好、消费认知、产品质量和价格水平、人口增长及市场条件等。自改革开放以来，特别是在最近的 10 年，中国经济社会快速发展，中国城镇居民的收入水平的不断提高，居民的消费能力不断增强，加上生活方式加快转变、食物营养认知水平持续提升等逐渐转变，人们的生活节奏也越来越快，居民的饮食消费不论从数量、结构还是消费方式上都发生了重大的变化（Fan S，1995；Gao，1996；Huang J K，1999；Ma H，2004）。本章系统梳理了改革开放以来，中国城镇居民食物消费的变迁特征，着重分析了人均 GDP 超过3 000美元后城镇居民食物消费的变化特点及规律。

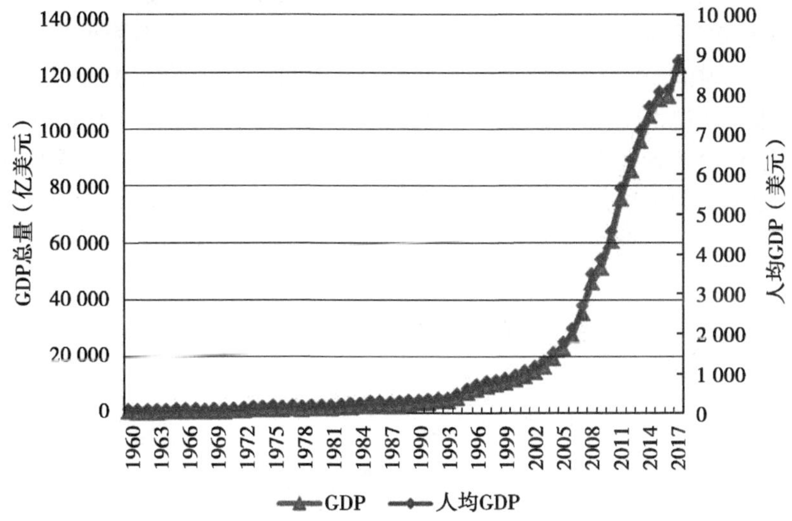

图 3-1　中国历年 GDP 和年人均 GDP 趋势（1978—2017 年）

数据来源：世界银行数据库

第一节　城镇居民食物消费支出变化趋势分析

居民的消费支出是指居民个人和家庭用于生活消费以及集体用于个人消费的全部支出，包括购买商品支出以及享受文化服务和生活服务等非商品支出，是综合反映居民生活消费水平的重要指标之一。居民的食物消费支出即是指居民为摄取身体所需要的营养和满足某种嗜好而购买各种食物的支出，包括从商店、集市、单位食堂和饮食业购买的各种主食食品、副食品及蔬菜、干鲜瓜果、糖果、糕点、肉制品、奶制品等，是衡量居民食物消费水平和消费行为的重要指标之一。有研究表明，居民的食物消费支出与其收入有着密切关系，同时食物的价格和居民的消费偏好等也是居民食物消费支出的重要影响因素。

一、食物消费支出水平

恩格尔系数是指食物消费支出占消费总支出的比重，衡量一个国家或地区居民生活水平的重要指标之一。根据联合国粮农组织提出的标准，恩格尔系数在59%以上为贫困，50%~59%为温饱，40%~50%为小康，30%~40%为富裕，低于30%为最富裕。改革开放以来，尤其是20世纪中后期到21世纪近10年以来，中国城镇居民的食物消费已经发生了巨大变化，并正在进一步的转型升级。从恩格尔系数的变化情况看，这种变化趋势整体上呈现出居民食物消费额增长趋势先放慢甚至于下降，而后又大幅增加的特点，但食物消费在消费总支出中的比重快速下降后趋于稳定的总体趋势特征。从图3-2中可以看出，中国城镇居民食物消费支出和恩格尔系数变化以1999年为分界点可以分为两个阶段。

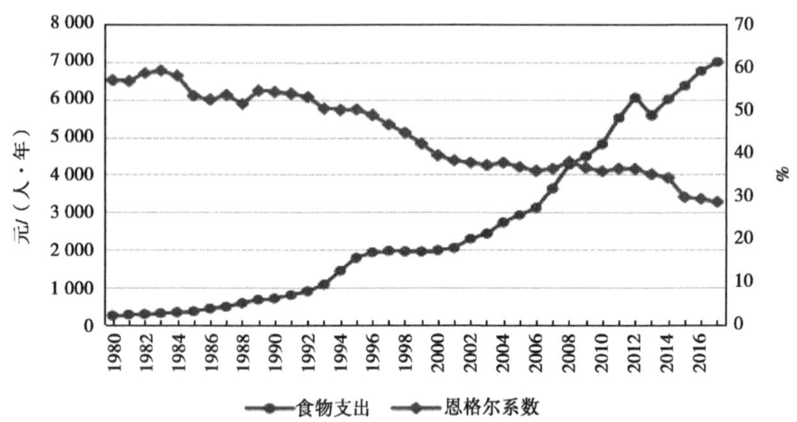

图3-2　中国城镇居民食物消费支出和恩格尔系数变化趋势（1978—2017年）

数据来源：中国统计年鉴（注：2013—2017年数据为新口径）

第一阶段是1999年以前，中国城镇居民食物消费支出快速增长与恩格尔系数波动下降同时出现。数据显示，改革开放后中国城镇居民食物消费支出快速增长，1999年城镇居民家庭年人均食物消费支出为1 932.1元，比1978年增长了9.8倍；同期恩格尔系数则波动下降，从1978年的57.5%下降至1999年的42.1%，人民生活跨越了联合国粮农组织设定的温饱阶段，并进入小康阶段。

第二阶段是2000年以来，中国经济社会继续又好又快发展，城镇居民生活水平继续提高，家庭年人均食物消费支出继续较快增长，而恩格尔系数保持稳中有降态势。具体来看，十多年来，中国城镇居民家庭年人均食物消费支出从 2000 年的 1 971.3 元增至 2017 年的7 001.0元，增长 3.6 倍；同期恩格尔系数继续波动下降，2000 年中国恩格尔系数实现了历史性突破，即降至 40%以下，为 39.4%，进入新千年至今，该系数整体持续下滑；在 2015 年再次实现低于 30%的新突破，并继续下降，2017 年为 28.6%。

二、食物消费支出结构

30 多年来，中国城镇居民生活质量要求不断提高、消费需求逐渐转变，食物消费支出水平不断提高，用于各种食物的支出金额虽然在总量不断增长，但不同种类之间其支出量和支出比重有所变化。从食物大类来看（图 3-3），中国城镇居民的食物消费支出中，年人均植物性食物消费支出从 1992 年的 291.1 元增至 2002 年的 615.9 元，占食物消费总支出的比重从 34.9%降至 27.1%，2012 年增至1 683.5元，占食物消费总支出的比重为 27.9%，分别比 2002 年增加了 1.73 倍和 0.8 个百分点。同时，用于动物性食物的年人均消费性支出从 1992 年的 323.9 元增至 2002 年的 788.6 元，占食物消费总支出的比重从 38.9%降至 34.7%，2012 年增至1 965.1元，但占食物消费总支出的比重则降至 32.5%，分别比 10 年前增长了 1.49 倍和下降了 2.2 个百分点。总的看，近 20 年来来中国城镇居民用于植物性食物和动物性食物的消费支出呈双

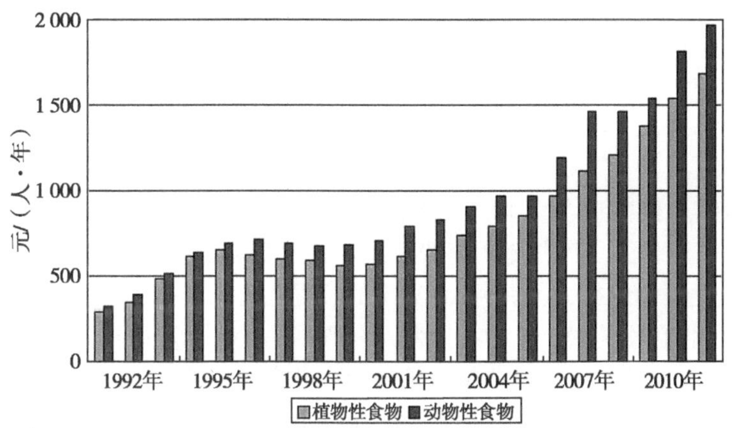

图 3-3　中国城镇居民食物消费支出结构（1992—2012 年）

数据来源：中国统计年鉴

增长态势，而两大类食物消费支出的比重在消费总支出中的比重呈明显下降趋

势，但这种趋势在几年来有所放缓。中国城镇居民食物消费支出结构上的变化可能与居民收入水平的持续提高及消费偏好、消费行为的变化有重要的联系。

从具体的食物种类上看，不同食物种类的消费支出总量均呈增加趋势，但占食物消费总支出的比重有增有减，呈不同的变化态势（图 3-4、图 3-5、图 3-6）。其中，植物性食物中粮食消费始终是人们重要的消费支出之一，主要包括粮食、蔬菜和瓜果类食物。从变化趋势看，中国城镇居民的粮食消费支出总量呈增长趋势，但在食物消费支出中所占比重呈消费下降态势。如，1992 年中国城镇居民用于粮食的人均消费支出额为 104. 4 元，约占食物消费总支出的 13. 0%；2002 年的支出金额增至 190. 4 元，但占比则减少至 10. 2%；2012 年消费支出额继续增至 458. 5 元，但在食物消费总支出中的比重则继续减少至 9. 7%，分别比十年前增长了 1. 41 倍和下降了 0. 5 个百分点。蔬菜的家庭年人均消费支出从 1992 年的 99. 5 元增至 2002 年的 213. 5 元，增了 1. 1 倍，其占食物消费总支出的比重则从 1992 年的 12. 4%减少至 2002 年的 11. 5%；2012 年其消费支出继续增至 592 元，比 2002 年增加了将近 380 元，增 1. 77 倍，占食物消费总支出的比重则略微回升至 12. 5%，成为第一大植物性食物消费种类，也是第二大类食物消费种类。总体上看，中国城镇居民蔬菜消费支出在食物消费支出中的比重近 20 年来均在 12%左右波动，并在近年来有所增加，可能是因为蔬菜富含多种维生素和膳食纤维，是中国居民日常生活的重要组成部分，也与人们营养认知水平提高、膳食理念不断变化有着重要关系。与此同时，随着居民食物消费的不断升级，干瓜果类消费支出保持良好的增长态势：数据显示，中国城镇居民家庭年人均干鲜瓜果类食物的消费支出从 1992 年的 61. 4 元增至 2002 年的 167. 8 元，增长了 1. 7 倍，其在食物消费总支出中的比重也从 1992 年的 7. 7%增至 2002 年的 9. 0%；之后，继续保持这一增长态势，2012 年城镇居民家庭年人均干鲜瓜果类食物的消费支出增至 506. 3 元，比 2002 年增长了 2 倍，其占食物消费总支出的比重则达到 10. 7%，成为第二大类植物性食物，在居民食物消费总支出的位置也上升至第三。

在动物性食物消费支出中，肉禽及其制品消费支出所占比重较大，也是中国城镇居民食物消费中支出总量增长最为明显食物种类之一。肉禽及其制品的年人均消费支出从 1992 年 206. 7 元增至 2002 年的 455. 0 元，约增长了 1. 2 倍，在食物消费总支出的比重从 25. 7%小幅下降至 24. 5%；2012 年其人均消费支出继续增至 1 183. 6，比 2002 年增长了 1. 6 倍，在食物消费总支出的比重略增至 25. 1%，可以看出肉禽及其制品的消费支出在城镇居民食物消费总支出的比重在这 20 多年里并未发生大的变化，占比基本上在 25%左右波动。蛋

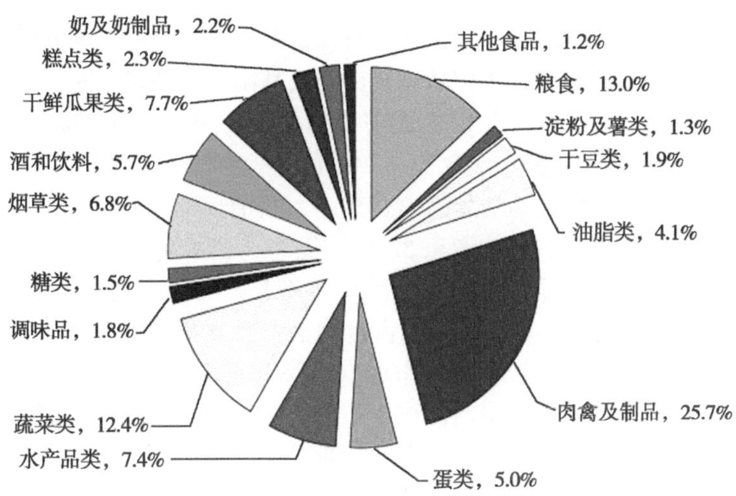

图 3-4　中国城镇居民食物消费支出结构（1992 年）

数据来源：中国统计年鉴

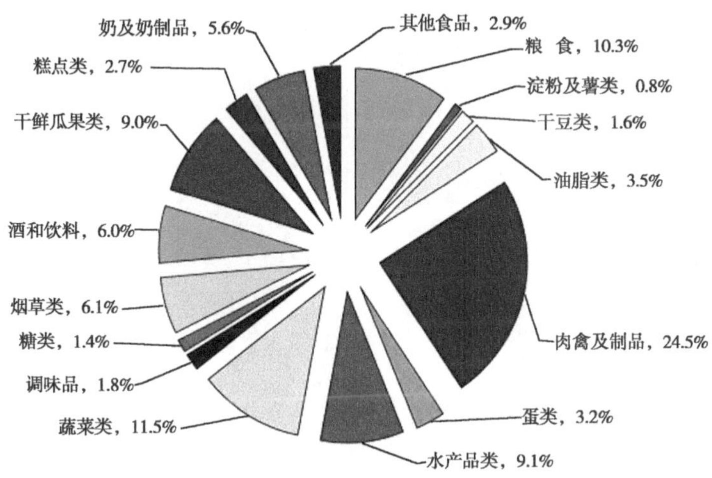

图 3-5　中国城镇居民食物消费支出结构（2002 年）

数据来源：中国统计年鉴

类的年人均消费支出从 1992 年的 40.3 元增至 2002 年的 59.2 元，增加了 46.9%，其在年人均食物消费总支出中的比重从 1992 年的 5.0%明显下降至

3.2%，下降了1.8个百分点；2012年城镇居民蛋类年人均消费支出为119.0元，比2002年增加1.01倍，但在食物消费总支出中的比重继续下降至2.5%。随着人民健康意识的增加，中国城镇居民奶及其制品的消费不断增长，这一点从家庭年人均消费支出变化情况也能够得到体现：1992年中国城镇居民家庭年人均奶及其制品的消费支出仅为17.6元，占食物消费总支出的比重仅为2.2%，到2012年奶类及其制品的消费支出大幅增长至104.8元，增长将近5倍，占食物消费总支出的比重增至5.6%，提高了3.4个百分点；近10年来，中国城镇居民奶及奶制品消费支出继续稳定增长，2012年年人均消费支出增至253.7元，比2002年增1.42倍，占食物消费总支出的比重为5.4%，略减0.2个百分点。与此同时，水产品作为与奶类并重的优质动物蛋白的重要来源，城镇居民年人均消费支出从1992年的59.3元增至2002年的169.7元，增长了1.9倍，在食物消费总支出中的比重从1992年的7.4%增至9.1%，增长了1.7个百分点；近10年来，城镇居民水产品消费支出继续增长，2012年达到408.9元，比2002年增长了1.4倍，占食物消费总支出的比重为8.7%，比10年前下降了0.4个百分点。

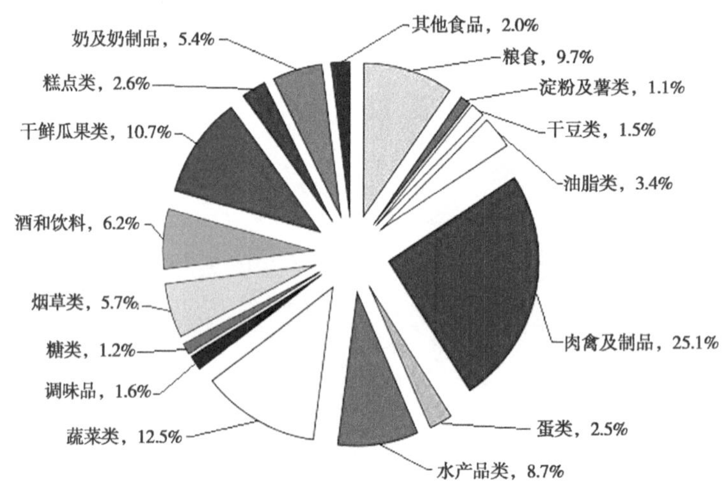

图3-6　中国城镇居民食物消费支出结构（2012年）

数据来源：中国统计年鉴

此外，随着时代的变迁，居民的食物消费支出结构呈现多样化趋势，如酒和饮料、糖类、调味品、糕点类等食物的消费支出也呈不同程度的增加趋势，但总体上在居民食物消费总支出中所占比重较小。

第二节　城镇居民食物消费量变化情况分析

消费量是指人们在一定时期内所消费的消费资料的数量，是反映一个国家或地区社会消费水平的重要指标之一。食物消费量即是指一定时期内居民所消费食物的数量总和，是衡量居民食物消费水平和消费模式的重要指标之一。根据国家统计局城镇居民住户调查年鉴，城镇居民主要食物消费量指城镇居民全年购买的主要食物数量，不包括实物消费量。已有的研究表明，食物消费量受人们的消费偏好、食物价格水平及收入水平等因素的影响。随着中国城镇居民生活条件的不断改善，城镇居民食物消费总量在改革开放初期小幅增加后，于20世纪80年代后期开始下降并于后期趋于稳定；进入21世纪后，中国城镇居民食物消费量又有所回升，近年来城镇居民的食物消费总量趋于稳定。从类别看，虽然全国城镇居民的动物性食物和植物性食物的消费量变化有其自身特点，但动、植物性食物消费结构正在或已经发生显著变化：改革开放初期，中国城镇居民食物消费中动、植物性食物消费量的比值为1∶8.59；随着中国居民生活水平的快速提高，这一比例迅速发生变化，到2001年变为1∶4.34；近10年来，这一比例继续快速下降，2012年降至1∶3.12。从动、植物性食物消费量比例变化的趋势看，虽然植物性食物在中国城镇居民食物消费中仍占主要地位，但动物性食物消费在城镇居民整个食物消费中的地位和作用正在变得更加重要。

一、动物性食物消费量明显增加

总体上看，改革开放以来，中国城镇居民的动物性食物消费量呈稳步上涨态势（图3-7）。1981年中国城镇居民家庭年人均肉类及其制品、蛋类、水产品等动物性食物消费总量仅为37.1kg，占食物消费总量的10.2%。经过20多年的发展，中国畜牧业、奶业和渔业快速增长，市场供给日趋丰富，居民消费量也不断增加，2001年中国城镇居民家庭年人均动物性食物消费量增至58.92kg，占食物消费总量的17.7%，分别比1981年增长了58.8%、高7.5个百分点；到2007年，居民动物性食物消费量增至78.50kg，占食物消费总量的22.2%，分别比2001年增33.2%、高4.5个百分点。近年来，中国城镇居民动物性食物消费量虽有波动，但总体上呈稳中略增态势，2012年为

79.33kg，同比增1.95%，占食物消费总量的23.2%，分别比2007年增1.1%、高1.0个百分点。

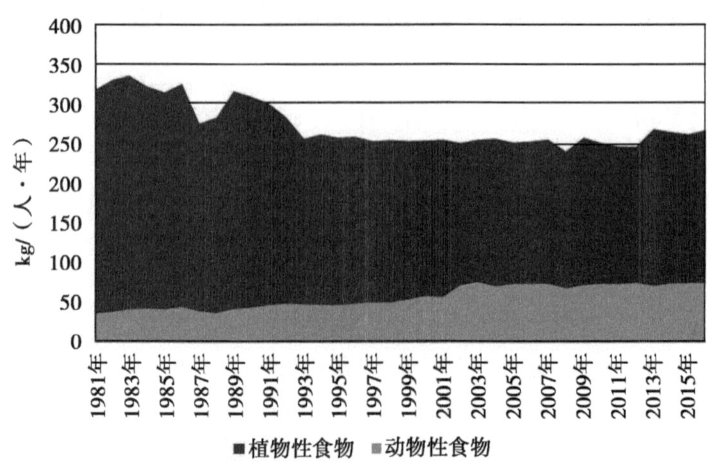

图3-7　中国城镇居民食物消费结构（1981—2016年）

数据来源：中国统计年鉴

从类别看，受生产养殖、市场供求、消费习惯等影响，中国城镇居民的不同种类动物性食物消费量变化趋势有所差异。其中，肉禽类制品是中国居民日常消费中最主要的动物性食物，占动物性食物消费比重的50%左右，占食物消费总量的10%左右。从图3-8可以看出，猪肉是中国城镇居民最主要的动物性食物，其消费量几乎占整个肉类消费量的一半；从变化趋势看，中国城镇居民的猪肉消费量呈稳中有增的态势，但其在整个动物性食物消费量中的比重呈下降趋势：1981年中国城镇居民年人均猪肉消费量为18.9kg，占动物性食物消费量的45.6%；2016年年人均消费量增至20.4kg，但占动物性食物消费量的比大幅减至27.2%，但在食物消费总量的比重却有所增长，即从1981年的5.1%增至2016年的6.0%。禽肉及其制品在中国城镇居民肉类食物消费中居于第二位，改革开放以来，其消费量呈小幅缓慢增长态势；进入2000年后，其消费量则大幅增加，2002年城镇居民家庭人均年消费量增至9.24kg，同比增74.3%，比1981年增长了3.86倍；之后基本呈稳中有增的态势，2016年年人均消费量为10.2kg，在肉类消费量的比重为13.58%，分别比2002年增了10.4%和提高了1.81个百分点。其次是牛羊肉，总体上看，受消费习惯和区域差异等影响，中国城镇居民的牛羊肉消费量在动物性食物消费的比重较小，但也呈缓慢增长态势，2016 年全国城镇居民家庭年人均消费量约 2.5kg，比 2001 年减少了 0.67kg，减少 21.1%，占动物性食物消费量的比重仅为 3.3%。

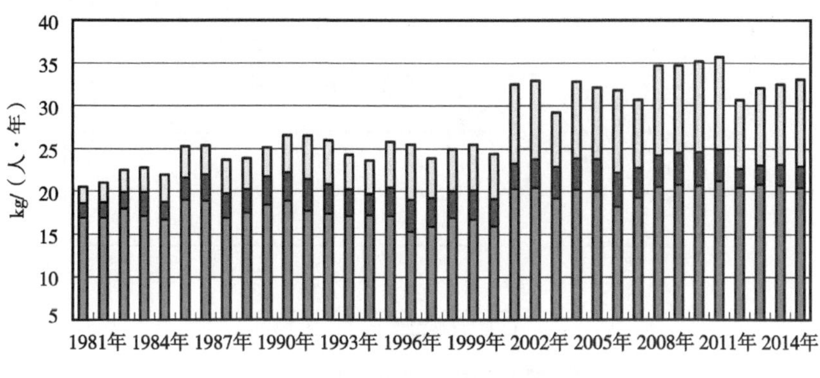

图 3-8　中国城镇居民肉类食物消费结构（1981—2016 年）

数据来源：中国统计年鉴

随着我国奶业的快速发展，我国城镇居民奶类消费在近 20 年里快速增加。从图 3-9 可以看出，上世纪 90 年代后期开始，我国城镇居民奶类消费量快速增长，并于 2004 年达历史最高锋，年人均消费量为 18.83kg，之后的两年里略有波动；2006 以后，我国城镇居民奶类消费量不断下降，尤其是 2008 年，受三聚氰胺事件影响，我国城镇居民家庭人均奶类消费量 15.19kg，比 2007 年减少了 14.42%，这一下滑直持续到 2011 年，人均奶类消费量达 13.70kg，比 2006 年减少了 27.02%。从 2012 年开始，我国居民奶类消费量又快速回升持续增长，2014 年人均奶类消费量达新高 18.1kg，但仍低于 2004 年的历史最高水平，至此之后又呈稳步下降趋势，2016 年我国城镇居民家庭人均奶类消费量 16.5kg，比 2014 年减少了 8.8%。与此同时，水产品消费量总体呈稳步上升趋势，近年来基本保持在年人均 15kg 左右；自上世纪 90 年代中后期以来，鲜蛋消费量保持相对稳定，年人均消费量基本维持在 10kg 左右。

二、植物性食物消费量逐渐减少

受传统历史文化、消费习惯等因素的影响，中国居民自古以来就形成了以谷物为主的植物性食物消费结构和膳食模式，即以谷物为代表的植物性食物在居民的食物消费结构中占优势地位。从历史变化趋势看，中国城镇居民

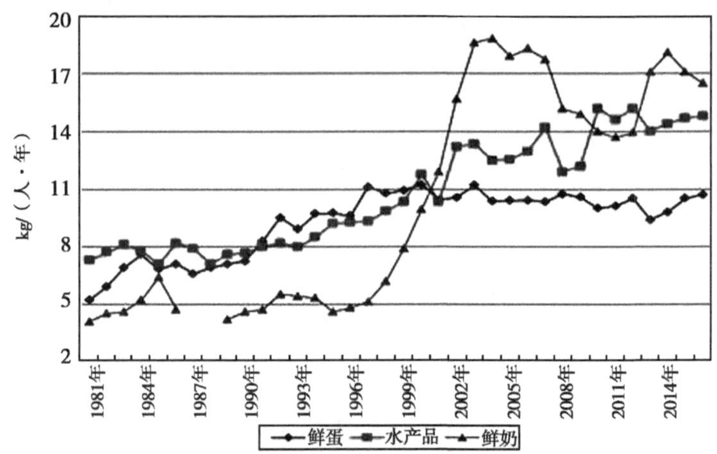

图 3-9 中国城镇居民蛋水奶消费结构（1981—2016 年）

数据来源：中国统计年鉴；1992 年及以前的奶类数据为鲜奶数量，且 1987—1988 年鲜奶购买量缺失

的动物性食物消费量不断增长、植物性食物消费量有所减少，但总比例结构上来看，植物性食物仍在居民食物消费中占绝对的优势地位：1981 年全国城镇居民家庭年均植物性食物消费量约 318. 9kg，占食物消费总量的 87. 3%；2001 年的消费量减少至 255. 45kg，占比则减至 76. 9%；近年来，城镇居民的植物性食物消费量继续呈稳中有减的态势，2012 年减至 247. 14kg，占食物消费总量的比重则继续减少至 72. 3%，分别比 2001 年减少了 3. 25%和 4. 6 个百分点。

从类别上看，粮食、鲜菜、鲜瓜果三大类植物性食物的消费量在改革开放以来的走势有所不同（图 3-10）。其中，粮食的消费量从 1981 年的年均 145. 4kg 持续减少至 2001 的 79. 69kg，也就是说在过去的 20 多年的时间里城镇居民年人均消费量减少了将近一半，之后的 11 年间虽有波动，但大体上保持在 80kg 左右，而后呈猛增态势，2013 年人均年消费量高达 121. 3kg，同比大幅增 59. 93%，2014—2016 年间又呈增稳步下降趋势，2016 年人均年消费量为 11. 9kg，比 2013 年减少 7. 75%。蔬菜是人体多种微量元素和膳食纤维的重要来源，也是人们日常消费最多的植物性食物。中国城镇居民的鲜菜消费量在改革开放初期小幅增加，1983 年年人均消费量为 165kg，比 1981 年增了 8. 3%；自 1984 年起，城镇居民蔬菜消费量波动减少，直到 20 世纪 90 年代中后期鲜菜消费量才保持相对稳定，基本上在 115kg 左右波动；进入 21 世纪后，蔬菜消费量略有增长，2008 年达到历史最高水平的 123. 15kg，同比增 4. 54%，比 2000 年增长了 7. 33%；之后 5 年又有所减少，2013 年减至 100. 1kg，比改革开放初期减少了将近 65kg，比 2008 年少了 18. 72%；2013 年至今，人均年消费量基本维持在 100kg 左右。瓜果类作为重要的植物性食物，在中国城镇居民日常消费中的比重相对较低，但随着人们生活水平的提高，居民的瓜果类消费量占比有所增加。20 世纪 80 年代初期，中国城镇居民的鲜瓜果消费量仅为 21. 2kg，占植物性食物消费量的比重仅为 6. 6%，到 21 世纪初期（2001 年）增至 59. 9kg，增了 1. 8 倍，占植物性食物消费量的比重达到 23. 4%，比 1981 年提高了 16. 8 个百分点；之后基本维持在 55kg 左右。

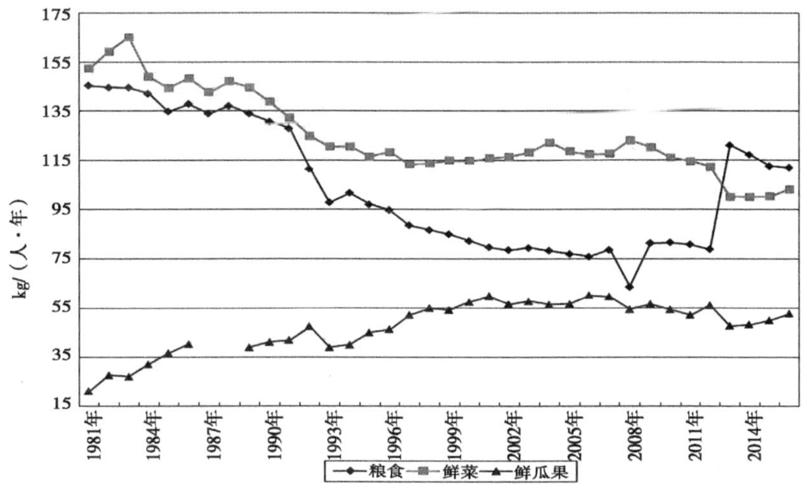

图 3-10　中国城镇居民植物性食物消费结构（1981—2016 年）

注：数据来源于中国统计年鉴，1987—1988 年鲜瓜果购买量缺失

此外，值得注意的是，目前统计数据中基本上是以居民在家消费的购买量来计算的，如果加上在外消费的实物量，居民食物消费量可能更多。有专家估计，在外食物消费量约占到居民食物总消费量的 20%～30%；如果考虑在外饮食，中国城镇尤其是大中城市居民的主要食物消费量在过去 10 年将呈显著增长态势。

第三节 城镇居民食物消费行为变化特征分析

居民的食物消费行为，即指饮食行为，是人们根据自身食物需求、习惯偏好和健康观念等选择的食物摄取活动，包括食物的选择、食用频率、消费地点等，这些都会影响人们的食物消费水平与营养摄入状况，从而对自身营养和健康产生影响。本章从食物消费频率和食物消费地点（在外就餐）等方面，试图找出中国城镇居民食物消费行为的变化特点，以期为相关政策制定提供参考。

一、食物消费频率分析

2002年国家卫生部组织的中国居民营养与健康调查使用“一年回顾性食物频率调查表”收集了中国城乡居民各种食物食用率和食用频率等资料（表3-1）。从抽样调查的结果可以看出，中国城市居民的大米、小麦面粉等谷类食物和果蔬类食物的食用率相对较高，主要食物种类的食用率高达99%；肉类的食用频率相对大米等食物的食用率略低，但猪肉、禽肉的食用率也保持较高的食用率，分别达到95.7%和85.9%，而牛羊肉的食用率为75.8%，这可能是因为牛羊肉消费受区域影响较大的缘故。蛋类、水产品的食用率也保持较高水平，分别达到了93.1%和87.2%。奶类（含鲜奶、酸奶和奶酪）的食用率相对其他食物而言，处于较低水平，虽然鲜奶食用率为奶类及其制品中最高的，但仅为39.9%；与全国相比，城市居民的奶类食物食用率都处于较高水平，鲜奶、奶粉、奶酪和酸奶食用率分别比全国平均水平高出22.5、8.1、2.2和12.4个百分点。从周食用频率看，大米、新鲜蔬菜的食用频率最高，分别为每周12.2次和12.1次，与全国平均水平基本持平；其次是小麦面粉每周食用频率为6.5次，比全国平均水平每周低了0.9次，这可能是因为中国农村地区比城市食用小麦面粉的频率更高的缘故。就肉类、奶类、水产品和新鲜水果的周食用频率均保持一定水平，并且高于全国平均水平，其中猪肉的周食用频率明显高于其他肉类食物，这说明猪肉是中国城镇居民的主要肉类食物。

表 3-1　中国城镇居民食物食用率和食用频率

类　别	中国城市居民食物的食用率（%）		每周食用频率（次）	
	城市	全国	城市	全国
大米	99.1	98.9	12.2	12
小麦面粉	93.3	87.6	6.5	7.4
杂粮	68.2	59.9	1.8	2.8
牛羊肉	75.8	61.1	1.1	0.9
禽肉	85.9	80.4	1.1	0.7
猪肉	95.7	94.3	5.5	3.7
鲜奶	39.9	17.4	4.7	4.5
奶粉	16.6	8.5	3	2.9
奶酪	5.4	3.2	2.5	1.8
酸奶	22.5	10.1	2.3	2.2
蛋类	93.1	92.2	3.9	3
水产品	87.2	79.2	2.1	1.5
新鲜蔬菜	96.2	96.5	12.1	12
新鲜水果	95.6	93.4	5.2	3.6

数据来源：2002 年中国居民营养与健康调查

二、在外饮食消费支出变化趋势分析

在外饮食已经成为中国居民尤其是城镇居民食物消费的重要途径，也是居民食物消费转型升级的重要内容之一。自改革开放以来，特别是在最近的十多年里，中国居民的生活节奏也越来越快，在外饮食消费已经成为居民食物消费中一个较为明显的特征，这一趋势在城市家庭中表现尤其明显且呈现继续快速上升的趋势（Min I，2004）。从图 3-11 可以看出，自 20 世纪 90 年代初至今的 20 多年里，中国城镇居民在外用餐的消费支出呈快增长态势，尤其是进入 21 世纪以来，城镇居民在外饮食消费支出更是大幅增长。具体来看，1992 年中国城镇居民在外饮食支出年人均仅有 70.3 元，占食物消费总支出的比重仅为 8.4%；经过十多年的发展，居民生活水平持续提高，加上中国餐饮业快速发展，居民在外饮食呈爆发式发展模式，2002 年城镇居民年人均在外饮食支出达到 615.9 元，占食物消费总支出的比重为 18.2%，分别比 10 年前增长了 7.8 倍和 9.8 个百分点。近年来，随着中国城镇居民生活方式的转变和消费水平的不断提高，居民在外饮食支出总量上继续保持较快的增长速度，占食物消费总支出的比重基本上保持在21%以上。2007年中国城镇居民家庭年人均在外饮食支出超过1 000元，为1 114.1元，占食物消费总支出的比重也增至21%；之后的几年里，居民在外饮食支出继续保持快速增长，但在食物消费总支出的比重基本稳定在这一水平。2012年全国城镇居民在外饮食支出为1 965.1元，占食物消费总支出的比重为21.8%。

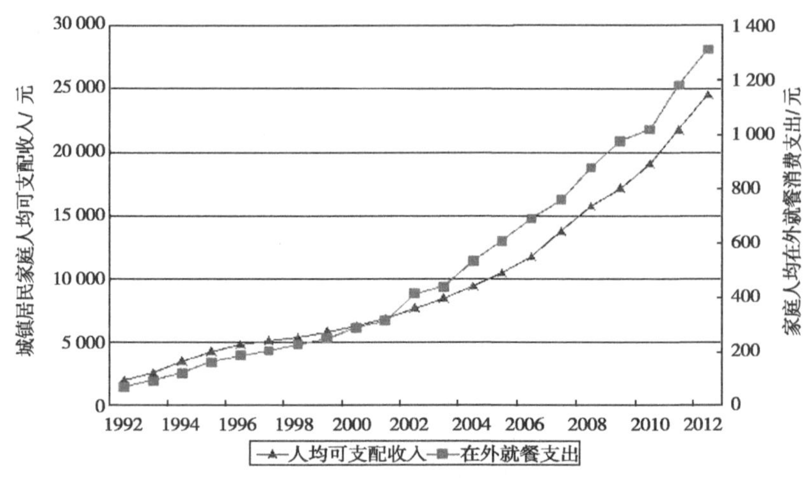

图3-11　中国城镇居民在外用餐消费支出变化趋势（1992—2012年）

数据来源：中国统计年鉴

2002年中国居民营养与健康状况调查结果显示（马冠生，2006），中国城市居民每日在外就餐比例为26.1%，显著高于全国14.6%的平均水平；也有调查显示，超过50%的城镇居民每天都有在外饮食。中国科学院农业政策中心调查数据显示，2007—2011年全国大中型城市居民的在外饮食支出占食物总支出的35%，比国家统计局公布的全国城镇居民家庭年人均在外用餐消费支出占食物消费总支出的比重高约15个百分点，这可能是由于统计调查中许多家庭支出与收入住户没有完整地填写其在外饮食消费全部资料的缘故。

三、在外饮食支出与收入水平关系分析

有学者认为，随着中国城镇化进程的不断加快，居民在外饮食将成为一种新常态，用于在外消费的支出可能将更多，这与居民收入水平持续提高、生活节奏越来越快等有着密切的联系。国内外的研究表明，虽然与在家食物消费有着密切联系，但在外饮食消费与在家饮食消费不同，在外饮食消费受到居民收入水平、餐饮行业发展情况等多种因素的影响，且对居民的营养健康产生重要

影响。有研究表明（马恒运，2000），中国城乡居民的在外饮食需求很大程度上要收收入水平增长情况的影响，且收入增长是在外饮食消费增加的主要决定因素（董晓霞，2008）；同时，居民在外就餐与年龄、收入、教育程度、家庭结构和社会人口学特征及食物消费习惯和偏好有重要关系（Kay，2000；Siwik，2006；杜文雯等，2013）。从图 3-12 可以清晰的看到，城镇居民家庭年人均在外饮食的消费支出与人均可支配收入变化趋势大体一致。相关性分析和回归分析表明（见表达式），二者的相关系数高达 0.99，统计检验结果达极显著水平，表明二者呈高度正相关关系，即居民在外消费支出随着人均可支配收入的增加而增加。

城镇居民家庭人均在外饮食消费支出与人均可支配收入回归分析结果：

$C=0.0582y-63.2197$　　$F=2296.78$　$R^2=0.9918$

(0.0012)　　(14.2587)

其中，C 表示城镇居民家庭人均消费性支出，y 表示家庭人均可支配收入。

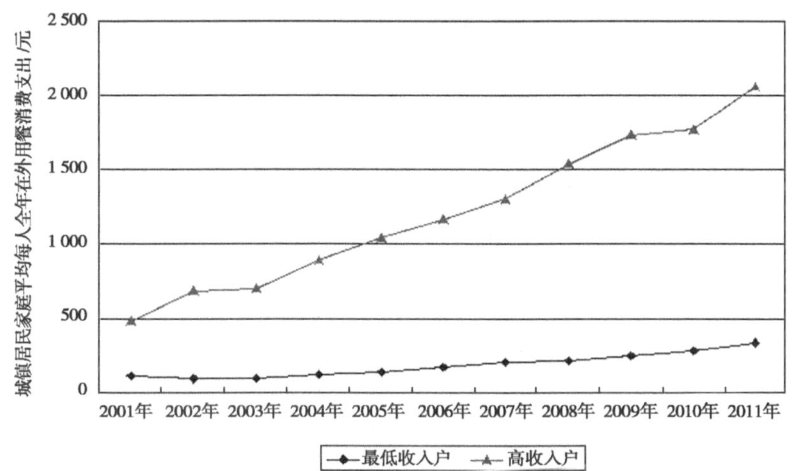

图 3-12　最低收入组和高收入组城镇居民家庭平均每人全年在外用餐消费支出

数据来源：中国统计年鉴

表 3-2　城镇居民家庭平均每人全年在外用餐消费支出

单位（元）	2001 年	2002 年	2003 年	2004 年	2005 年	2006 年	2007 年	2008 年	2009 年	2010 年	2011 年
最低收入户	119.00	99.35	103.29	128.58	143.97	176.73	213.18	221.37	255.24	287.43	340.52
其中：困难户	103.51	75.30	84.08	99.60	111.66	144.32	163.55	175.79	214.53	226.62	260.64

（续表）

单位（元）	2001年	2002年	2003年	2004年	2005年	2006年	2007年	2008年	2009年	2010年	2011年
低收入户	175.14	152.58	171.40	213.66	245.59	288.53	318.97	345.89	395.93	444.57	535.90
中等偏下户	228.15	233.96	249.19	316.59	361.02	404.47	457.86	509.13	597.19	649.35	752.71
中等收入户	293.32	333.15	354.66	432.37	512.97	582.11	647.32	747.68	830.82	914.46	1 068.63
中等偏上户	387.16	476.44	505.57	629.68	727.38	835.11	899.85	1 079.56	1 225.74	1 248.34	1 447.22
高收入户	483.93	685.49	702.87	893.93	1 042.13	1 167.93	1 305.36	1 538.71	1731.79	1 767.98	2 057.76
最高收入户	657.61	1 154.22	1 284.39	1 594.16	1 834.23	2 049.70	2 156.05	2 706.05	2 846.11	2 800.53	3 205.26
总平均	314.24	413.52	438.24	533.39	607.23	691.15	760.97	877.85	976.06	1 019.29	1 183.20

数据来源：历年中国统计年鉴

根据国家统计局城镇居民住户调查数据显示，从不同的收入群组的在外饮食支出水平有较大差异（表3-2），居民在外饮食支出总体上来说呈现低收入群组的消费支出较少，而高收入群组的消费支出相对较高，且两者的差距有进一步扩大的趋势。其中，最低收入户群组在2001年时的平均每人全年在外用餐消费支出为119元，到2007年增至213.2元，增长了79.1%；近年来，这一支出继续保持稳定快速增长态势，2012年增至340.5元，比2007年多支出59.7%。与此相对应的高收入户群组在2001年的在外用餐消费支出为483.9元，是最低收入户群组的4倍，2007年高收入户组的在外用餐支出增至1 305.4元，比2001年增长了1.7倍，是最低收入户组的6.1倍；到2012年，高收入户组的消费支出继续增至2 057.8元，比2007年增长了57.6%，是最低收入户组的6.8倍。从数据结果可以看出，虽然不同收入户群组的在外用餐消费支出在近10多年的时间里都呈快速增长态势，但高收入户组的增长速度远大于低收入户组，高收入户组与最低收入户组之间的差距越来越大，两组之间已经存在剪刀差也越来越大。

与此同时，在外饮食结构与在家饮食结构存在明显差异。有研究表明，在外饮食消费中肉类、蔬菜等食物消费占比较大，粮食等主食食物占比相对较少。这一消费行为必将对中国居民尤其是城镇居民的食物消费模式和营养健康状况产生更大影响。

第四节　小　结

随着中国经济社会发展和人们收入水平提高，特别是人均 GDP 超过3 000美元后，城镇居民的食物消费不仅追求满足基本生活需要，更加注重消费的品质、种类和舒适度，进一步加快转型升级。

从消费支出变化情况看，中国城镇居民的食物消费支出稳定增长，但在总消费支出中的比重即恩格尔系数不断下降，并以 1999 年为分界点，大致可以划分为两个阶段；近年来，中国城镇居民食物消费支出继续稳定增加，恩格尔系数则基本稳定在 36%左右。从支出结构看，中国城镇居民食物消费中的动物性食物消费支出增长明显，在整个食物消费支出中的比重随有所下降，但逐渐超过植物性食物消费支出占比，表明居民的食物消费倾向更加趋向于动物性食物。

从食物消费量看，居民食物消费总量趋于稳定，但从动、植物性食物消费量比例从 1992 年 1∶8.59 逐步上升至 2012 年的 1∶3.12，表明虽然植物性食物消费在中国城镇居民食物消费中仍占主要地位，但动物性食物消费量增长明显，在整个食物消费中的地位和作用变得更加重要。尤其是近年来，中国城镇居民的食物消费结构中肉类等动物性食物消费明显增加，呈现较为显著的“西化”趋势。

从食物消费频率上看，谷类食用率和食用频率是所有食物中最高的，仍是中国城镇居民的主要食物；蔬菜、水果的食用率和食用频率也保持较高水平，肉、蛋、水产品的食用率和食用频率均高于全国平均水平，其中猪肉表现尤为突出，是中国城镇居民食物消费的主要肉类产品；但值得注意的是，中国城市居民奶类的食用率和食用频率虽然高于全国平均水平，但仍处于较低水平，需进一步促进奶类消费。

与此同时，随着人们生活方式变化和工作节凑加快，在外就餐饮食已经成为城镇居民食物消费和日常生活的重要组成部分，在外就餐支出及其在整个食物消费支出中的比重呈现双增长的态势；同时，收入水平对在外就餐具有正向影响，且二者呈极显著水平，但不同收入群组之间差异性较大。

第四章　基于收入分层的中国城镇居民食物消费模型分析

近年来，随着中国经济社会持续快速发展，城镇居民家庭收入水平不断提高，恩格尔系数稳步下降，2013 年已降至 29.9%，特别是中国正处于人均 GDP 3 000~10 000 美元的消费转型期（路红艳，2011），居民食物消费将加速转型升级。随着中国城镇化战略的加速推进，城镇居民消费具有的群体大、层次多、变化快、导向强等特点将进一步凸显。然而受收入增长、食物价格波动等影响，不同收入水平城镇居民家庭食物消费需求差异明显（Zheng，2008；董国新，2009）。现有研究表明，中国城镇居民消费行为存在较为明显的内部收入人群的异质性（赵卫亚，2012）；居民收入和食物价格水平是影响居民食物消费需求的重要因素（蒋乃华，2003；黎东升，2005；Dong，2006）。同时，家庭规模、年龄结构、所在区域、所处收入等级等人口特征也是家庭居食物消费的重要影响因素（Robert，1981；Kelley，1981；张广胜，2002）。中国学者也探索运用几乎理想需求系统（Almost Ideal Demand System，AIDS）测算农村的市场化发育程度、家庭特征及地区差异等对农村居民食物消费情况的影响（李小军，2005；刘秀梅，2005；穆月英，2007），但多数未系统考虑这些变量对消费需求的整体影响，而是进行分组估算的，也较少关注人口（群）特征变量对城镇居民食物消费情况的影响。值得关注的是，在现有的研究中越来越多的学者将收入水平作为重要的人口特征变量进行消费研究，如 Kiyokazu Ujiie（2011）将住户收入水平与户主年龄、家庭规模、婚姻状况等一并作为人口特征变量（Demographic Variable）对日本居民消费者行为进行了研究；Bittencourt，Teratanavat 和 Chern（2004，2007）将日本居民的收入水平分为 5 个等级，与户主年龄、城市规模、家庭规模、儿童年龄水平等一起作为重要的人口特征变量对居民食物消费进行了研究。此外，文献研究大多按照时间序列进行自然划分，很少进行不同经济社会发展阶段的比较研究。

本章在分析居民食物消费影响因素的基础上，根据数据可得性和中国经济社会的发展状况，将收入分组等级作为影响居民食物消费需求和反映不同群体消费差异性的重要变量，运用修正后的几乎理想需求系统（Modified Almost Ideal Demand System，MAIDS），基于社会经济发展视角对2001—2011年中国城镇居民的食物消费行为进行实证分析，以期进一步把握全面小康社会建设阶段城镇居民家庭的食物消费需求特征，为相关政策制定提供参考。

第一节　居民食物消费的影响因素

消费是拉动经济增长的“三驾马车”之一，也是中国经济社会改革的重要内容，更是中国经济社会发展的重要动力源泉。随着中国城镇化战略的持续推进，城镇居民消费潜力将不断被激发和释放，其发展水平必将对中国未来一段时期的经济社会发展和人们生活水平提高产生较大影响。而食物消费作为人类生存的基础性消费，在居民消费中具有重要的地位和作用。因此，研究影响中国城镇居民食物消费的因素，对于进一步扩大内需、提高居民生活水平等具有重要的理论和现实意义。消费经济学的相关理论表明，消费者的食物消费行为主要受到经济因素、食物供给因素和传统文化因素等。

一、经济发展水平

食物消费是一种经济行为。经济因素是城镇居民食物消费的最主要影响因素，主要通过居民收入、食物价格、区域经济发展等变动影响城镇居民食品消费需求的数量和结构。一般说来，在其他因素不变的情况下，一个国家或地区居民收入水平的提高、食物价格的水平和区域经济发展的变化等，将引起居民食物消费水平的提高、消费需求和消费行为的变化。

（1）居民收入水平。通常意义上，居民的收入水平决定着其消费支出的水平，进而影响其食物消费支出的水平，即随着收入水平的提高，居民的总消费水平和食物消费水平也会不同程度的提高。改革开放初期，中国实施了家庭联产承包制，粮食、畜牧业等农业生产能力大幅提升，食物供给情况得到极大改善，城市居民的食物配给政策适时进行了调整，居民食物消费选择的范围和自主性不断增加。同时，中国城镇经济日趋活跃，居民就业水平不断提高，城镇居民的收入不断提高，消费能力日趋增强。从图4-1可知，随着中国城镇居民家庭年人均可支配收入的增加，无论是居民的消费性支出，还是食物消费支出，均呈现不同程度的增长态势；回归分析也表明（见方程 1、方程 2 和方程 3），消费性支出与居民的收入水平密切相关，而食物消费支出与居民的收入水平和消费性支出均有较强的相关关系，相关系数分别为 0.9873 和 0.9933，在统计学上达到极显著水平。这表明，收入水平的提高是影响中国城镇居民食物消费的重要因素之一。

中国城市居民家庭消费支出与家庭人均收入水平回归方程：

$CE = 0.6918y + 346.034$ （方程 1）

(108.77)　　(5.89)

$F = 11830.01 \quad R^2 = 0.9972$

中国城市居民家庭食物消费支出与家庭人均收入水平回归方程：

$FCE = 0.2410y + 350.376$ （方程 2）

(50.74)　　(7.99)

$F = 2574.45 \quad R^2 = 0.9873$

中国城市居民家庭食物消费支出与消费性支出回归方程：

$FCE = 0.3489y + 227.198$ （方程 3）

(70.06)　(6.87)

$F = 4907.91 \quad R^2 = 0.9933$

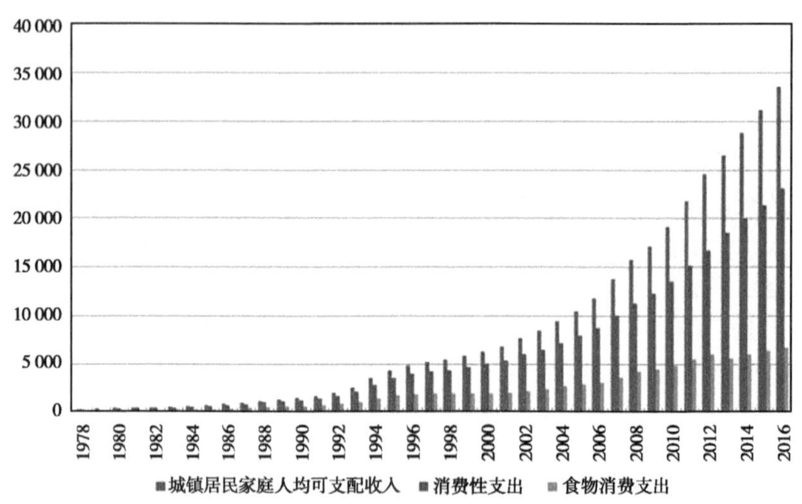

图 4-1　城镇居民家庭平均每人全年收入和消费性支出（1978—2016 年） 单位：元

（2）食物价格水平。商品价格的变化，不仅影响居民实际收入收入水平的高低，也影响着商品的供求关系、居民消费支出的倾向；商品价格的波动，必然影响人们对不同种类商品的购买量，进而对居民的消费结构产生影响。作为影响居民消费的一个主要因素，价格包括食物种类自身的价格，还包括与其相关的其他食物的价格及其相关产品的价格。消费需求规律表明，食物的需求数量往往与其自身的价格水平成反比，也与其他食物种类的价格水平相关，即不同的食物种类之间存在着相互替代或互补的关系；在收入不变的情况下，价格的波动会引起居民食物消费行为的变化。改革开放后，中国农产品市场逐步放开，价格调控更多的由市场供给情况自发调节，其中肉类等鲜活农产品是中国改革开放后市场放开最早的产品，其价格调节基本上是以市场为主，它们价格变化反映了人们对其需求量的变化。从图 4-2 可以看出，全国城镇居民家庭全年平均动物性食物消费量变化趋势与肉禽及其制品的价格指数波动走势基本一致。

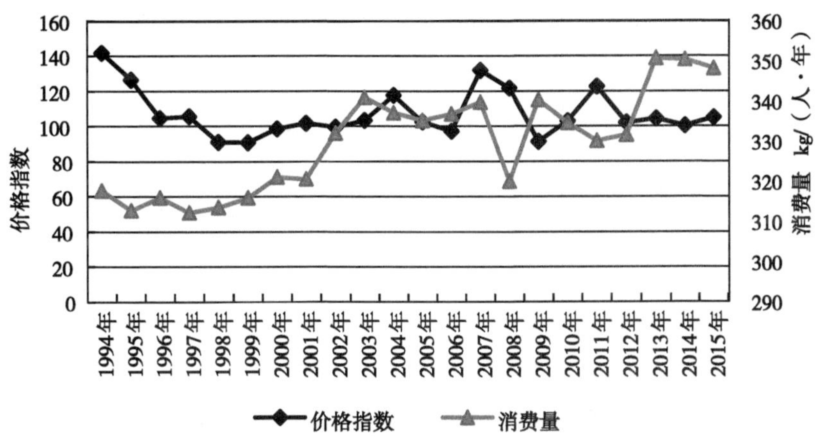

图 4-2　城市肉禽价格指数与城镇居民家庭年人均动物性食物消费量变动趋势

数据来源：中国统计年鉴

在经济学研究中，通常用食物的价格弹性来反映该种食物消费对价格变化的敏感程度，包括自价格弹性和交叉价格弹性。已有的研究表明，作为生活必需品的粮食的自价格弹性相对较低，也就是说，人们为了维持生存需要，即使粮食价格快速大幅上涨，对粮食的需求量也不会有太多的减少；而肉类、水果等食物的自价格弹性较高，当它们的价格上涨幅度过大，居民就会减少对其的消费量，而当价格下降时，人们就会增加对它们的消费。

表 4-1　典型地区城镇居民家庭年人均主要食物消费支出

	地区	食物总支出	粮食	肉禽及制品	蛋类	水产品类	菜类	干鲜瓜果类	糕点类	奶及奶制品
2002 年	北京	3 472.08	223.92	565.92	70.44	163.44	248.64	313.32	116.16	219.48
	广东	3 460.44	236.76	852.24	45.60	364.56	276.84	215.88	73.56	107.88
	江苏	2 441.88	171.84	496.08	66.36	240.72	224.04	153.84	47.16	128.04
	河南	1 517.04	191.52	293.88	63.00	37.56	168.6	109.8	35.52	66.36
	四川	2 156.16	176.76	531.36	58.92	69.24	212.04	146.28	35.28	110.28
	新疆	1 912.8	187.56	420.60	44.28	54.36	166.2	181.56	46.32	84.00
	吉林	1 809.48	194.04	333.72	56.76	100.92	198.36	195	33.24	75.00
2012 年	北京	7 535.29	432.00	1084.73	146.93	296.17	583.57	772.88	258.05	421.05
	广东	8 258.44	544.10	2086.69	107.81	792.27	742.25	551.94	160.84	246.06
	江苏	6 658.37	442.90	1315.82	128.98	542.92	662.97	513.86	130.17	303.81
	河南	4 607.47	393.08	796.87	131.49	105.77	400.7	410.78	107.05	214.23
	四川	6 073.86	413.09	1512.48	120.48	185.4	710.36	425.78	78.21	269.99
	新疆	5 238.89	494.46	1205.88	91.01	115.34	499.33	549.88	105.05	237.05
	吉林	4 635.27	453.09	803.19	99.27	208.16	489.50	530.94	76.83	159.41

（3）区域差异。作为一种经济行为，食物消费受当地经济社会发展水平的影响和制约，特别是该地区的经济发展对于居民的食物消费水平有很大的决定性作用。改革开放以来，中国区域经济总体快速发展，但东部、中部、西部和东北地区四大区域间存在较大的差距是不争的事实；在区域内部，各省份、各城市之间依然存在较大的差异。总体上看，东部沿海地区、大中城市的经济发展水平和人均收入增长较其他区域和城市快，在过去的 20 多年里其经济增长率显著高于中西部地区，而这些地区和城市的居民食物消费能力相对较强，消费需求也较高。同时，消费者的消费行为受当地的传统文化较大。中国幅员辽阔，不同地区的自然环境、物产资源和民族风俗等差异较大，进而形成了各地独具特色的消费文化；加上不同地区所处的社会历史发展阶段不同，即使同一地区、相同环境等条件下，也会因阶段不同、个性特征等形成不同的消费偏好。中国尤其如此，东部与西部、中部与东北地区等的消费文化迥异，各地区居民的生活和消费习惯差异显著，进而形成了具有本地区特色的食物消费模式。比如，中国南方和东南沿海地区素有“鱼米之乡”之称，人们的食物消费长期以大米为主，且渔业资源丰富，水产品消费量相对较高；而作为少数民

族聚居地的西部地区受传统游牧生活方式影响，牛羊肉的消费量相对较多；中部地区的河南、山西等省份深受中原文化影响，尤其是面食文化尤为明显，小麦等粮食作物在人们的日常食物消费中占有较重要的地位。近年来，随着中国食物市场流通格局全国大流通特点的日趋显著，不同区域食物供给差异不断缩小，居民消费结构趋同化现象逐步明显，如中国北方地区城镇居民大米消费数量呈不断增加趋势。从表 4-1 中可以看出，中国东、中、西部不同省份的城镇居民家庭年人均食物消费支出之间存在较大差异。其中，东部地区如北京、广东、江苏等省市城镇居民的食物消费显著高于中西部地区的省份，尤其是水产品、奶及奶制品表现较为明显；而中部、西部和东北地区的河南、四川、新疆维吾尔自治区（全书简称新疆）、吉林等省区的城镇居民食物消费总支出相对较少，可能与这一地区是中国农业生产大省、食物供给丰富且价格相对较低有关系，但其粮食消费支出在食物消费总支出中的比重显著高于东部地区，且新疆、吉林城镇居民粮食消费支出在食物消费总支出中的比重分别高达 9.4%和 9.7%（2012 年），显著高于地处东部地区的江苏、广东等省份。

二、食物供给水平

一个国家或地区食物供给的数量、种类等情况是决定当地居民食物消费和膳食营养的重要物质基础之一，主要包括食物的生产能力、市场发育程度和餐饮业发展水平等。

（1）食物生产能力。食物生产能力是指一个国家或地区在一定时期和经济技术条件下，由各种生产要素综合投入所形成的，可以稳定地达到一定产量产出的能力，主要包括农产品生产能力和食品工业生产能力。农业生产的结构、食物资源的丰富程度以及食品工业的发展情况等对于一个国家或地区的食物供给情况有着重要影响，进而影响着居民的食物消费和膳食营养状况。其中，农产品生产能力包括粮食、畜牧业、果蔬、水产品等生产能力，主要以产量形式作为重要衡量指标。随着我国强农惠农富农政策支持力度不断加大，并先后出台实施了粮食省长负责制和“菜篮子”市长负责制，以及新增千亿斤粮食工程和奶业振兴计划等政策措施，农业生产能力获得极大提升，重要农产品产量持续稳定增加。从表 4-2 可以看出，改革开放后，我国农业生产持续稳定发展，粮食、肉类、禽蛋、奶类、水产品、蔬菜、水果等重要农产品产量稳定增加，并取得了显著成绩。其中，粮食产量在 2007 年突破 50 000 万吨，之后持续稳定增加；2012 年再次迈上 60 000 万吨的新台阶后，继续稳步上升，2017 年达到 66 160.7 万吨，实现十连增，年均增长量高达 1 547.68 万吨，其中，稻谷、小麦和玉米也均呈稳步上升态势；随着畜牧业持续快速发展，肉类、禽蛋和奶类（牛奶）产量在二十世纪末二十一世纪初经历急速上升后趋于稳定，近十年的年均增长率分别为2.51%、2.16%和0.31%；与此同时，蔬菜、水果和水产品等“菜篮子”产品同样随着跨世纪的革新产量呈猛增态势，之后稳步增加。

表4-2　中国重要农产品产量　　单位：万吨

年份	粮食				肉类	牛奶	禽蛋	水产品	蔬菜	水果
		稻谷	小麦	玉米						
1978	30 476.5	13 693.0	5 384.0	5 594.5				465.4		657.0
1980	32 055.5	13 990.5	5 520.5	6 260.0	1 205.4	114.1		449.7		679.3
1985	37 910.8	16 856.9	8 580.5	6 382.6	1 926.5	249.9	534.7	705.2		1 163.9
1990	44 624.3	18 933.1	9 822.9	9 681.9	2 857.0	415.7	794.6	1 237.0	19 518.9	1 874.4
1995	46 661.8	18 522.6	10 220.7	11 198.6	5 260.1	576.4	1 676.7	2 517.2	25 726.7	4 214.6
2000	46 217.5	18 790.8	9 963.6	10 600.0	6 013.9	827.4	2 182.0	3 706.2	42 399.7	6 225.1
2005	48 402.2	18 058.8	9 744.5	13 936.5	6 938.9	2 753.4	2 438.1	4 419.9	56 451.5	16 120.1
2006	49 804.2	18 171.8	10 846.6	15 160.3	7 099.9	2 944.6	2 424.0	4 583.6	53 953.1	17 102.0
2007	50 413.9	18 638.1	10 952.5	15 512.3	6 916.4	2 947.1	2 546.7	4 747.5	56 452.2	16 800.1
2008	53 434.3	19 261.2	11 293.2	17 212.0	7 370.9	3 010.6	2 699.6	4 895.6	59 240.4	18 108.8
2009	53 940.9	19 619.7	11 583.4	17 325.9	7 706.7	2 995.1	2 751.9	5 116.4	61 823.8	19 093.7
2010	55 911.3	19 722.6	11 614.1	19 075.2	7 993.6	3 038.9	2 776.9	5 373.0	65 099.4	20 095.4
2011	58 849.3	20 288.3	11 862.5	21 131.6	8 023.0	3 109.9	2 830.4	5 603.2	67 929.7	21 018.6
2012	61 222.6	20 653.2	12 254.0	22 955.9	8 471.1	3 174.9	2 885.4	5 481.8	70 883.1	22 091.5
2013	63 048.2	20 628.6	12 371.0	24 845.3	8 632.8	3 000.8	2 905.5	5 721.7	73 512.0	22 748.1
2014	63 964.8	20 960.9	12 832.1	24 976.4	8 817.9	3 159.9	2 930.3	5 975.8	76 005.5	23 302.6
2015	66 060.3	21 214.2	13 263.9	26 499.2	8 749.5	3 179.8	3 046.1	6 182.9	78 526.1	24 524.6
2016	66 043.5	21 109.4	13 327.1	26 361.3	8 628.3	3 064.0	3 160.5	6 379.5	79 779.7	24 405.2
2017	66 160.7	21 267.6	13 433.4	25 907.1	8 654.4	3 038.6	3 096.3	6 445.3		25 241.9

数据来源：中国统计年鉴

食品工业不仅直接影响农业产业发展，而且还关系着居民的食物消费，对保障城乡居民生活尤其是肉、蛋、奶等副食品供应有重要意义和作用。国际经验表明，随着工业化水平和人民生活水平的不断提高，初级农产品的消费量将逐步减少，加工和深加工食品的市场需求和市场占有率将持续增加，并在居民日常生活中扮演越来越重要的角色。比如，20 世纪 60 年代，美国市场上加工蔬菜与鲜菜的比例为 38 : 62，到 20 世纪 70 年代这一比例变为 48 : 52，到 20 世纪 80 年代加工蔬菜的市场占有率已经超过了 60%。有关专家估计，目前中国鲜活农产品的加工量仍较低，蔬菜加工率仅有 15%左右，与国际市场仍有较大差距。

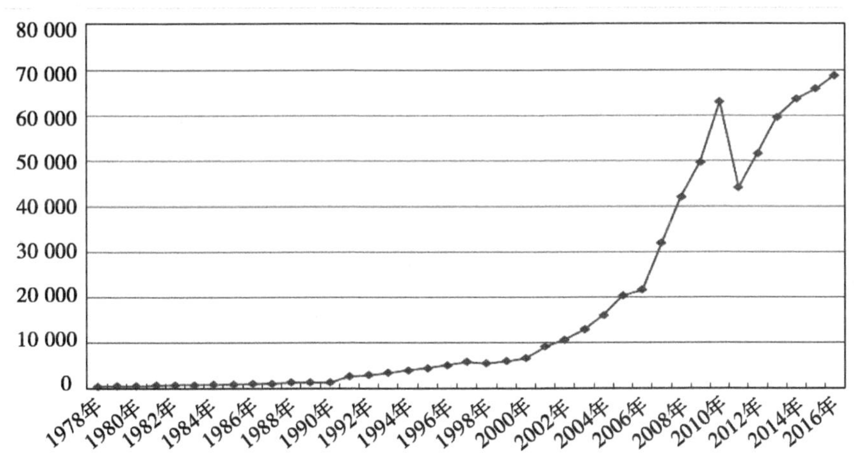

图 4-3　我国食品工业历年行业总产值　单位：亿元

数据来源：中国食品工业统计年鉴

随着中国食品科学的不断进步，人们对食物需求的质量要求越来越高，中国食品工业也在近 30 的改革开放过程中得到不断壮大发展。从图 4-3 可知，改革开放以来，中国食品工业保持稳定发展态势，工业行业总产值稳中略增，自 20 世纪 90 年代初期开始，发展速度有所增加，进入新千年后，实现了快速发展：2010 年，全国食品工业行业总产值已达到 6. 3 万亿元，同比增 26. 9%，是 2000 年的 8. 5 倍，是 1978 年的 132. 7 倍；2011 年有所下降但之后又快速回升，2016 年达历史最高水平近 7 万亿元。与此同时，主要食品加工业产量大幅增长（表 4-3），其中酒类、乳制品、方便面、罐头等食品工业行业总产量快速增长，2016 年分别为 5 978. 54 万千升（白酒、葡萄酒、啤酒合计）、2 545. 1 万吨、2 993. 2万吨和 1 394. 86 万吨，分别比 2002 年增长了 1. 11 倍、34. 40 倍、2. 72 倍和 1. 59 倍。可以说，改革开放以来，中国食品工业持续快速发展，取得了举世瞩目的成就，为丰富居民尤其是城镇居民食物消费做出了重要贡献。但同时，我们也应看到，中国食品工业总体上仍处于初级发展阶段，食品科学技术含量和发展水平总体不高，农产品加工率相对偏低，酒、饮料、烟等占食品工业的比重较大，食品安全管理与食品工业现代化和居民食物安全需求不匹配等问题相对突出，一定程度上制约了食品工业行业发展，也给城镇居民食物消费水平进一步提高带来一定程度的影响。

表 4-3　中国食品工业主要行业年产量

年　份	白酒（万吨）	葡萄酒（万千升）	啤酒（万千升）	方便面（万吨）	乳制品（万吨）	罐头（万吨）
1994 年	651.00	18.5	1 414.24		42.46	247.30
1995 年	651.26	23.00	1 546.00		52.57	310.57
1996 年	791.01	17.03	1 681.91		50.41	282.61
1997 年	801.3	18.55	1 888.49		56.48	254.57
1998 年	781.73	22.00	1 987.67		54.86	156.46
1999 年	574.16	25.00	2 098.77		69.08	169.09
2000 年	502.26	20.19	2 300.76		82.92	178.20
2001 年	476.11	25.05	2 209.81		74.29	290.37
2002 年	420.19	28.81	2 386.83	182.36	84.55	375.17
2003 年	331.35	34.30	2 540.00	234.63	140.59	436.38
2004 年	312.00	36.73	2 910.05	276.42	949.18	313.37
2005 年	349.37	43.43	3 185.45	327.92	1 310.42	360.06
2006 年	411.06	49.75	3 515.00	431.13	1 459.6	
2007 年	492.46	66.50	3 931.37	507.72	1 787.44	513.63
2008 年	569.34	69.83	4 103.08	499.45	1 810.56	595.29
2009 年	706.93	96.00	4 236.38	573.78	1 902.15	621.73
2010 年	891.00	109.00	4 483.00	673.82	2 160.00	818.46
2011 年	1 025.60	115.70	4 898.80	827.59	2 387.50	972.50
2012 年	1 153.16	138.16	4 902.00	946.74	2 545.10	971.46
2013 年	1 189.01	114.46	4 982.79	986.31	2 636.87	1 163.62
2014 年	1 257.13	116.1	4 936.29	1 025.64	2 651.81	1 256.32
2015 年	1 312.8	114.8	4 715.6		2 782.6	1 309.93
2016 年	1 358.4	113.7	4 506.44		2 993.2	1 394.86

注：数据来源于《中国食品工业年鉴》；白酒产量 2011—2012 年的单位为万千升

（2）市场发育程度。食物市场发育程度，即市场化水平是影响城镇居民食物消费选择的重要因素。计划经济时代，中国城市居民食物消费按照统购统销制度，对食物消费进行定量、定时、定点配给，资源配置的市场作用几乎不存在。随着改革开放的不断加快，中国不仅放开了鲜活农产品市场流通，还取消了粮油的统购统销制度，食物的市场化程度逐步加大。经过近 30 年的发展完善，农产品流通体系建设已初具规模，“社区超市+集贸市场+批发市场+期货市场”的市场体系和线上交易+线下互动的流通格局基本形成，农超对接、农社对接和农校对接的直营直销供给模式已成为农产品销售和城镇居民生鲜食物购买的主要渠道。截至 2009 年年底，中国已有 600 万左右的农产品经纪人，季节性从业者高达 1 000 多万人（董俊，2009）；有 4 300 多家农业产业化龙头企业，农产品生产供给能力进一步增强。目前，全国农产品批发市场数量大体稳定在 4 300 家左右，农贸市场约为 25 000 家，在城镇居民食物供给和消费中的作用越来越重要，据统计，上海、北京、青岛等重要城市中超市农产品销售量已占到当地农产品零售总量的 1/3 以上。有专家估计，中国国内市场发育程度每提高 10%，粮食和蔬菜消费将分别下降 1.0%和 2.1%，而肉类、水果和其他食物的需求将提高 3.0%、2.1%和 1.9%。可见，食品市场的发育程度能对居民的食物消费结构和消费方式有着重要影响（李好，2007）。

与此同时，中国食物市场与国际市场的联系越来越紧密，特别是加入 WTO 以后，国际市场供需变化对中国食物市场和供给能力的影响也越来越大。总体上看，国际食物贸易政策、市场价格和储备情况等都影响着中国食物进出口贸易，从而对国内食物市场的供给和价格产生影响，进而对国内居民的食物消费产生影响。

表 4-4　中国城镇居民在外用餐支出与餐饮行业发展情况

年　份	餐饮行业营业额（亿元）	在外饮食支出（元）
1998	424.3	227.0
1999	442.6	249.6
2000	528.5	287.8
2001	618.7	314.2
2002	740.3	413.5
2003	896.2	438.2
2004	1 160.5	533.4
2005	1 260.2	607.2
2006	1 573.6	691.2
2007	1 907.2	761.0
2008	2 592.8	877.9

（续表）

年　份	餐饮行业营业额（亿元）	在外饮食支出（元）
2009	2 686.4	976.1
2010	3 195.1	1 019.3
2011	3 809.0	1 183.2
2012	4 419.8	1 315.1

注：数据来源于历年中国统计年鉴和中国餐饮年鉴，餐饮行业统计范围为限额以上法人企业

在外饮食与人均可支配收入回归结果

```
       Source |       SS        df       MS          Number of obs =  15
---------------------------------------              F (   1,     13) =  544.62
        Model | 1692952.45    1   1692952.45         Prob > F      =  0.0000
     Residual | 40410.8931   13   3108.53024         R-squared     =  0.9767
---------------------------------------              Adj R-squared =0.9749
        Total | 1733363.34     14  123811.667        Root MSE      =  55.754

   dining_ out |    Coef.     Std. Err.     t     P>|t|     [95% Conf.  Interval]
       Revenue | .2674202   .0114591    23.34   0.000    .2426644    .292176
         _ cons | 191.5687   24.68871    7.76   0.000    138.2319    244.9054
```

（3）餐饮业发展水平。有关研究显示，居民在外饮食与餐饮业发展水平存在一定的相关关系。营业额是餐饮行业发展的重要指标之一。从表 4-4 可以看出，近 20 年来，中国餐饮业持续快速发展，限额以上餐饮业企业的营业额从 1998 年的 424.3 亿元增至 2012 年的 4 419.8 亿元，年均增速高达 18.2%；同期，中国城镇居民家庭平均每人全年在外饮食支出从 227 元增至 1 315.1 元，年均增幅为 13.4%。从年均增长率看，中国餐饮业营业额增速比居民在外饮食支出增速高约 5 个百分点。回归分析显示，城镇居民在外用餐消费支出与餐饮业发展水平有着密切联系，二者的相关系数高达 0.97，统计结果检验达极显著水平，表明城镇居民的在外用餐消费与餐饮业发展呈正相关关系，且随着餐饮业的发展而不断增长。

三、其他因素

除上述因素外，还有其他一些因素对城镇居民的食物消费水平、消费结构和消费行为等有重要影响。

（1）家庭规模及构成。一般情况下，食物消费是以家庭为单位进行的，家庭人口的多少和结构对整个家庭的食物消费支出、结构和行为都会产生影响；尤其是在一个家庭中，不同家庭成员由于年龄、性别、口味、偏好等都存在个体差异，在同一时间对同一种食物的需求和喜好程度并不完全相同；同时，一个家庭的人口自然构成和结构，如年龄、性别等都会随着时间的推移而变化，进而对居民的食物消费产生影响。从城市居民家庭结构看，受人口政策和其他经济社会发展因素影响，中国城镇居民家庭规模普遍较小，并呈缩小趋势，这必将对未来人们的食物消费产生影响。现有研究表明，家庭成员的数量、性别和年龄结构与家庭食物消费有着紧密联系，尤其是家庭规模越小，食物浪费的现象越容易发生。也有研究表明，随着家庭人口的增加，肉类食物的年人均消费量呈递减趋势，二者之间呈反向变动的关系（刘秀梅，2005）。

（2）食物质量安全。随着中国居民收入水平的不断提高和生活状况的持续改善，人们对食物需求已从数量型转变为质量型。但近年来，中国工业化、城镇化和农业现代化快速推进，工业“三废”、城市建设和生活垃圾、农业面源污染等问题日益突显，食物安全尤其是质量安全日益成为社会关注的焦点、人们关心的热点和政府管理的难点。消费者特别是城镇居民对健康的诉求越来越高，加上受教育程度的提高，认知能力和水平大幅提升，食物安全意识明显增强，这也对居民食物消费产生了明显影响。同时，近年来社会广泛关注的转基因食品问题也对居民食物消费产生了一定的影响。通常情况下，转基因作物具有产量高、抗病虫害、营养强化等优势和特点，但食用安全性在学术界尚存不同意见，美国、日本、欧盟等国家和地区对待转基因食物的标准和态度也不相同。因此，进一步强化对转基因食物资源的检验检疫、风险评估、商业化运作等的管理，使其在安全水平上为人提供更加充足丰富的食物资源，满足食物消费需求。

（3）城市化水平。《中华人民共和国国家标准城市规划术语》中明确指出，城市化是“人类生产与生活方式由农村型向城市型转化的历史过程，主要表现为农村人口转化为城市人口及城市不断发展完善的过程。”从这一定义中可以看出，城市化不单单是指城乡人口结构的变化，更重要的是人口职业结构、产业结构和空间分布结构的变化等，也是生产方式、生活方式的一种变化。改革开放以来，中国城市化水平已有显著提高，全国城市化率已从 1978 年的 17.92%增长到 2013 年的 58.52%，提高了 40.6 个百分点，年均增速达 3.08%。随着中国城镇化战略的加快实施，在未来一段时期，中国城市化水平将会进一步提高。从实践经验看，城市化水平的提高将进一步拓展城乡的市场空间、改变经济发展模式，也将促使居民消费行为发生变化。值得注意的，随着城镇化推进，城市人口增加将成为一种必然趋势，城市在食物消费中的导向和带动作用将进一步增强，这必将对中国的食物供给和居民食物消费产生重要影响。

第二节　城镇居民食物消费计量模型的构建

从上文的分析可知，居民食物消费的影响因素包括多个方面，而这些因素往往交织融合在一起，不仅有收入、价格因素，还有地区差别、市场发育程度、家庭人口结构、城镇化水平、食物安全状况等，进而对食物消费产生综合影响。但目前尚不能通过一两个因素间的比较就能够得出全面、科学的结论，需要根据研究的数据、时间和技术方法等情况，有所侧重。如 Kiyokazu Ujiie（2011）将住户收入水平与户主年龄、家庭规模、婚姻状况等一并作为人口特征变量（Demographic Variable）对日本居民消费者行为进行了研究；Bittencourt，Teratanavat 和 Chern（2011）将日本居民的收入水平分为 5 个等级，与户主年龄、城市规模、家庭规模、儿童年龄水平等一起作为重要的人口特征变量（Demographic Variable）对居民食物消费进行了研究。Hayden Stewart（2004）等将收入水平与住户管理者、年龄、教育水平、种族、家庭类型等一并作为住户特征变量，对美国居民在外食物消费情况进行了研究。从已有的研究看，收入水平不仅仅是经济社会的重要指标，也被学者们作为重要的人口特征变量进行研究。从严格意义上来说，消费者所处的收入等级仅仅诸如所处区域、家庭规模、家庭结构、家庭类型、户主年龄、教育水平等人口特征中的一个，不能涵盖和替代其他变量；同时，收入与消费有着密切联系。基于上述考虑，本文根据数据可得性等情况，将收入分组作为反映不同收入群体消费异质性的变量，以动态视角对中国城镇居民食物消费的影响。

根据前文所述，AIDS 模型是食物消费的经典模型，能相对全面的反应居民食物消费情况变化，其基本表达式为：

$$w_i = \alpha_i + \sum_{j=1}^{s} \gamma_{ij} \ln p_j + \beta_i \ln\left\{\frac{m}{P(p)}\right\}$$

考虑到家庭居民的消费受家庭所处收入等级、所在区域、人口构成等特征变量的影响，在综合评价的基础上，将这些影响因素综合为特征变量引入，对模型进行系统修正和完善。Ray（1983）应用如下的支出函数：

$$e(p, z, u) = m_0(p, z, u) \times e^R(p, u)$$

其中，z 表示特征向量，$m_0(p, z, u)$ 表示引入特征变量的尺度函数，$e^R(p, u)$ 表示代表性住户家庭的支出函数，u 为效用值。

Ray 对尺度函数做了进一步的简化处理：

$$m_0(p, z, u) = \overline{m_0}(z) \times \phi(p, z, u)$$

其中，$\overline{m_0}(z) = 1 + \rho' z$，$\rho$ 为待估参数向量。

可将 $\phi(p, z, u)$ 简化为：

$$\ln\phi(p, z, u) = \frac{\prod_{j=1}^{s} p_j^{\beta_j}\left(\prod_{j=1}^{s} p_j^{\eta_j' z} - 1\right)}{\frac{1}{\mu} - \sum_{j=1}^{s} \lambda_j \ln p_j}$$

其中，η_j 为 $k * s$ 的矩阵中 η 的第 j 列，k 为人口特征变量的个数。

按照 Poi（2012）的方法，令参数 $\lambda_i = 0$，该模型即为含有特征变量的标准 AIDS 模型。因此，引入人口特征变量的 AIDS 模型可以表示为：

$$w_i = \alpha_i + \sum_{j=1}^{s} \gamma_{ij} \ln p_j + (\beta_i + \eta_i' z) \ln\left[\frac{m}{\overline{m_0}(z) P(p)}\right] + \varepsilon_i$$

就参数估计而言，第 i 中食物的支出（收入）弹性为：

$$e_i = 1 + \frac{1}{w_i}[\beta_i + \eta_i' z]$$

食物未补偿的价格弹性（马歇尔需求价格弹性）为：

$$e_{ij}^u = -\delta_{ij} + \frac{1}{w_i}\{\gamma_{ij} - [\beta_i + \eta_i' z]\}$$

补偿的价格弹性（希克斯需求价格弹性）遵循 Slutsky 等式，即：

$$e_{ij}^c = e_{ij}^u + e_i w_j$$

与此同时，引入特征变量的 AIDS 模型也必须满足 AIDS 模型所要求的加总性、齐次性和对称性等约束条件。根据模型要求，本章的研究中将各种食物的消费支出份额作为因变量，将食物消费总支出和各种食物的消费价格作为自变量；同时，将影响居民食物消费的收入水平、所处经济社会发展阶段等因素作为重要变量，考察其对居民食物消费变化的影响。

第三节　数据处理和参数估计

本章研究中应用2001—2011年中国统计年鉴中各地区城镇居民家庭年人均食物消费支出、中国价格年鉴中各地区城镇居民年家庭人均食物购买量等数据进行计算，选取了包括粮食、油脂类、肉禽及其制品、蛋类、水产品类、蔬菜、酒及饮料、干鲜瓜果、糕点类、奶及其制品等10大类重要食物种类的家庭年人均消费支出金额和食物消费量（以购买量替代）其中，2007—2011年粮食的购买量以2006年大米和面粉占当年粮食的比重为基准，进行折算；油脂类为植物油和动物油之和；肉禽及制品为肉类及其制品和禽类及其制品之和；菜类为鲜菜和干菜之和，2007年起以鲜菜代替；酒和饮料为白酒、啤酒、果酒、碳酸饮料之和；干鲜瓜果类2007年起为鲜瓜和鲜果之和；奶及奶制品为鲜乳品、奶粉和酸奶之和。

同时，为研究不同经济社会发展水平阶段，中国居民食物消费特点，按照年人均GDP对时间序列数据进行了划分，即分为两个阶段：第一阶段为2001—2007年，人均GDP在1 000美元到3 000美元之间；第二阶段为2008—2011年，人均GDP超过3 000美元。国家统计局按照收入差异，将住户调查数据划分为8个群组，分别是最低收入户、困难户、低收入户、中等偏下收入户、中等收入户、中等偏上收入户、高收入户和最高收入户。为了便于观察低、中、高收入群组之间的差异，对收入群组进行了合并，即将最低收入户、困难户和低收入户合并为低收入组，将中等偏下收入户、中等收入户和中等偏上户合并为中等收入组，将高收入户和最高收入户合并为高收入组。

根据Poi（2012）的方法，AIDS模型中各种食物的价格以消费支出金额除以当年的食物消费量获得。在以上数据处理的基础上，运用修正后的AIDS模型对中国城镇居民的食物消费情况进行了回归分析，以其对不同收入群组、不同时期的城镇居民食物消费差异进行比较研究。

本章按照模型构建的方程式，运用STATA 12. 1软件对模型中的参数进行了估计（表4-5和表4-6），并计算出了各类食物的消费支出弹性、补偿价格弹性和未补偿价格弹性。结果显示，绝大部分参数在1%和5%显著水平上具有统计学意义。

表 4-5　模型系数计算结果

	α_i	β_i	γ_{i1}	γ_{i2}	γ_{i3}	γ_{i4}	γ_{i5}	γ_{i5}	γ_{i7}	γ_{i8}	γ_{i9}	γ_{i10}	η_ incomelevel
粮食	0. 138 *** (0. 0178)	-0. 101 *** (0. 00738)	0. 120 *** (0. 0111)										-0. 00856 ** (0. 00425)
油脂类	-0. 00221 (0. 00496)	-0. 0277 *** (0. 00161)	-0. 00271 (0. 00279)	0. 0546 *** (0. 00252)									-0. 00200 ** (0. 000793)
肉禽及其制品	0. 154 *** (0. 0198)	0. 00472 (0. 00749)	-0. 0350 *** (0. 00956)	-0. 00603 (0. 00396)	0. 113 *** (0. 0151)								0. 00151 (0. 00413)
蛋类	0. 0203 *** (0. 00381)	-0. 00506 *** (0. 00120)	-0. 0140 *** (0. 00282)	-0. 00664 *** (0. 00170)	-0. 00559 * (0. 00291)	0. 0358 *** (0. 00267)							-0. 000597 (0. 000537)
水产品类	0. 136 *** (0. 00939)	0. 0570 *** (0. 00457)	-0. 0266 *** (0. 00489)	-0. 0136 *** (0. 00135)	-0. 0290 *** (0. 00548)	-0. 00303 *** (0. 00109)	0. 0475 *** (0. 00404)						0. 00873 *** (0. 00284)
菜类	0. 214 *** (0. 0111)	-0. 0644 *** (0. 00374)	0. 00106 (0. 00525)	-0. 00824 *** (0. 00238)	-0. 0274 *** (0. 00604)	-0. 00644 *** (0. 00191)	-0. 0162 *** (0. 00260)	0. 120 *** (0. 00588)					-0. 00806 *** (0. 00196)
烟酒和饮料	0. 0554 *** (0. 00892)	0. 0316 *** (0. 00314)	-0. 0250 *** (0. 00370)	-0. 00408 ** (0. 00160)	-0. 00194 (0. 00468)	-0. 00493 *** (0. 00127)	0. 0175 *** (0. 00198)	-0. 0163 *** (0. 00325)	0. 0182 *** (0. 00310)				0. 00288 * (0. 00160)
干鲜瓜果类	0. 158 *** (0. 00883)	0. 0288 *** (0. 00328)	-0. 00832 * (0. 00473)	-0. 00684 *** (0. 00238)	-0. 0198 *** (0. 00520)	-0. 00454 * * (0. 00213)	0. 0156 *** (0. 00232)	-0. 0191 *** (0. 00383)	0. 00685 * * (0. 00273)	0. 0578 *** (0. 00444)			0. 00102 (0. 00176)
糕点类	0. 0377 *** (0. 00366)	0. 0199 *** (0. 00147)	-0. 00156 (0. 00212)	-0. 00756 *** (0. 00119)	0. 00218 (0. 00227)	0. 00289 * * (0. 00125)	0. 00539 *** (0. 00109)	-0. 0100 *** (0. 00148)	0. 00506 *** (0. 00102)	0. 00224 (0. 00149)	0. 000583 (0. 00107)		0. 00160 * * (0. 000773)
奶及其制品	0. 0883 *** (0. 0115)	0. 0562 *** (0. 00472)	-0. 00756 (0. 00655)	0. 00107 (0. 00200)	0. 00942 (0. 00660)	0. 00652 *** (0. 00164)	0. 00240 (0. 00321)	-0. 0171 *** (0. 00396)	0. 00473 (0. 00298)	-0. 0194 *** (0. 00359)	0. 00527 *** (0. 00152)	0. 0147 *** (0. 00557)	0. 00348 (0. 00272)

注：*** 表示 1%的显著水平，** 表示 5%的显著水平，* 表示 10%的显著水平；α_i 为常数项系数，β_i 为消费支出的系数，γ_i 为粮食、菜类等食物的价格项系数；η_ incomelevel 为收入群组变量项系数

表 4-6　模型系数计算结果

ρ	Coef.	Std. Err.	z	P>z	[95% Conf.	Interval]
ρ_ incomelevel	-0.0977***	0.00959	-10.19	0.000	-0.116	-0.0789

注：*** 表示 1%的显著水平；ρ_ incomelevel 为收入群组变量项系数

第四节　结果和讨论

一、城镇居民食物消费的支出和价格弹性

需求的价格弹性包括自价格弹性和交叉价格弹性。其中，自价格弹性是指在其他商品的价格保持不变时，某种商品的价格变动 1%，引起消费者对该种商品需求量变动的百分比，体现了在一定时期内居民对某种商品的需求量对于其自身价格变动的反应强度。交叉价格弹性是指在其他商品的价格保持不变时，一种商品价格每变动 1%引起另一种商品需求量变动的百分比，体现了在一定时期内一种商品的需求量的变动对与其相关商品价格变动的反应程度。

未补偿的价格弹性，即马歇尔价格弹性，是指在商品价格上涨后，消费者的收入不会因为商品价格的上涨而得到一定的补偿，即在消费者实际收入保持变化的情况下，商品价格上涨时，消费者对该商品消费需求的变化情况。补偿的价格弹性，即希克斯价格弹性，是指在排除价格变动给实际收入带来的变化而对需求产生的影响，即当价格上涨，实际收入不变时的需求价格弹性。

从计算结果看，全国平均水平的 10 大类食物的消费支出弹性均为正值，其中水产品类、烟酒和饮料、干鲜瓜果类、糕点类和奶及奶制品的消费支出弹性均大于 1，为富有弹性商品，值得注意的是奶及奶制品的支出弹性 2.28。而粮食、油脂、肉禽及其制品、蛋类和菜类的消费支出弹性在 0 和 1 之间，表明这些食物缺乏弹性；但需要指出的是，肉禽及其制品的消费支出弹性为 0.879，超过了 0.8，相对粮食、油脂类等食物具有较大的支出弹性（表 4-7）。

从自价格弹性看，粮食、肉禽等食物自价格弹性为负，且绝对值在 0 和 1 之间，说明多数食物需求的变化与该种食物的价格呈反方向变化，即食物需求量随着价格的增加而减少。其中，粮食、蛋类和菜类的自价格弹性分别为 -0.1035、-0.0041 和-0.1605，接近于 0，说明城镇居民这些食物的需求量随他们价格的变化较小，缺乏弹性，是人们的生活必须品；而油脂的自价格弹性为 0.1327，说明对城镇居民来说，油脂已成为正常商品，可能是因为其在人

们日常生活所必须且在整个食物消费支出中占比较小的缘故。而肉禽及其制品、水产品、奶类及其制品的自价格弹性分别为-0.6135、-0.6343 和-0.9053，表明这些食物相对富有弹性，其消费量随着价格增长而不同程度的减少。此外，糕点类的自价格弹性为-1.026，表明对城镇居民来说，糕点类食物是富有弹性的，仍是人们食物消费的奢侈品，可能是因为糕点类食物并非人们日常消费的食物，而是作为休闲食物或礼品消费，价格相对较高的缘故。

补偿的价格弹性，即希克斯价格弹性，是指在排除价格变动给实际收入带来的变化而对需求产生的影响，即当价格上涨，实际收入不变时的需求价格弹性。从交叉价格弹性来看，粮食、肉禽及其制品和奶及其制品的纵列交叉价格弹性之和分别为 1.0337 和 1.5975，均大于 1，表明这两类食物的价格对其他食物的价格影响较大，也从另一方面印证了“猪粮安天下”的说法；而蛋类、烟酒和饮料及糕点的行交叉价格弹性之和均大于 1，分别为 1.0902、1.1751 和 1.6039，表明其他食物价格的变动对这 3 类食物价格有较大的影响。值得注意的是，奶类及其制品的行交叉价格弹性和列交叉价格弹性均大于 1，分别为 1.3485 和 1.0183，表明奶类及其制品价格既对其他食物价格有较大的影响，同时其他食物的价格也反过来对奶类及其制品的价格有较大的影响，这也说明奶类及其制品对农食产品价格稳定有重要的作用和意义。

表 4-7 中国城镇居民食物消费的支出弹性和价格弹性

		粮 食	油脂类	肉禽及其制品	蛋 类	水产品类	菜 类	烟酒和饮料	干鲜瓜果类	糕点类	奶及其制品
支出弹性	ei	0.047 4	0.294 6	1.026 6	0.820 0	1.831 5	0.448 9	1.584 1	1.309 2	1.831 0	2.077 1
未补偿价格弹性（马歇尔价格弹性）	粮食	-0.103 5	-0.013 3	-0.002 5	-0.082 0	-0.037 1	0.049 2	-0.090 0	0.062 8	0.039 6	0.068 7
	油脂类	-0.067 6	0.132 7	0.068 1	-0.118 9	-0.160 1	-0.140 0	-0.011 0	-0.049 2	-0.118 5	0.114 1
	肉禽及其制品	-0.121 6	-0.021 2	-0.613 5	-0.020 2	-0.105 8	-0.096 8	-0.009 7	-0.072 6	0.006 1	0.029 1
	蛋类	-0.395 2	-0.183 9	-0.104 9	0.004 1	-0.052 4	-0.171 7	-0.118 1	-0.102 4	0.090 8	0.206 3
	水产品类	-0.272 6	-0.153 2	-0.547 0	-0.054 8	-0.634 3	-0.211 1	0.099 3	0.056 0	0.012 4	-0.086 1
	菜类	-0.002 5	-0.051 5	-0.026 3	-0.028 6	-0.009 7	-0.160 5	-0.050 1	-0.053 0	-0.036 9	-0.039 9
	烟酒和饮料	-0.370 9	-0.066 8	-0.196 4	-0.090 8	0.161 7	-0.274 8	-0.786 7	0.024 6	0.044 6	-0.007 6
	干鲜瓜果类	-0.076 1	-0.069 4	-0.282 4	-0.052 9	0.096 7	-0.200 3	0.033 2	-0.477 3	-0.039 2	-0.232 6
	糕点类	-0.040 4	-0.271 5	-0.161 6	0.078 9	0.039 8	-0.387 8	0.086 8	-0.192 0	-1.026 0	0.071 0
	奶及其制品	-0.104 9	0.009 0	-0.149 7	0.077 6	-0.150 7	-0.326 3	-0.038 2	-0.461 4	0.026 8	-0.905 3

（续表）

		粮　食	油脂类	肉禽及其制品	蛋　类	水产品类	菜　类	烟酒和饮料	干鲜瓜果类	糕点类	奶及其制品
补偿价格弹性（希克斯价格弹性）	粮食	-0.089 4	-0.008 0	0.028 5	-0.078 2	-0.027 0	0.065 1	-0.082 9	0.073 9	0.042 7	0.075 3
	油脂类	-0.021 6	0.149 7	0.168 6	-0.106 3	-0.127 6	-0.088 5	0.012 0	-0.013 4	-0.108 5	0.135 6
	肉禽及其制品	0.013 1	0.028 5	-0.318 9	0.016 5	-0.010 7	0.054 1	0.057 7	0.032 3	0.035 4	0.092 1
	蛋类	-0.286 5	-0.143 8	0.132 5	0.033 7	0.024 3	-0.050 0	-0.063 8	-0.017 8	0.114 4	0.257 1
	水产品类	-0.037 5	-0.066 4	-0.032 9	0.009 4	-0.468 2	0.052 3	0.216 9	0.239 1	0.063 5	0.023 8
	菜类	0.057 8	-0.029 3	0.105 4	-0.012 2	0.032 8	-0.093 0	-0.020 0	-0.006 1	-0.023 8	-0.011 7
	烟酒和饮料	-0.165 7	0.008 9	0.252 2	-0.034 8	0.306 7	-0.045 0	-0.684 1	0.184 3	0.089 2	0.088 3
	干鲜瓜果类	0.094 6	-0.006 4	0.090 7	-0.006 3	0.217 3	-0.009 2	0.118 5	-0.344 4	-0.002 1	-0.152 8
	糕点类	0.196 2	-0.184 2	0.355 8	0.143 5	0.206 9	-0.122 8	0.205 2	-0.007 7	-0.974 5	0.181 6
	奶及其制品	0.160 7	0.107 1	0.430 9	0.150 1	0.036 9	-0.028 9	0.094 6	-0.254 7	0.084 6	-0.781 2

数据来源：根据模型计算结果整理而得

二、不同收入分组的食物消费支出弹性分析

需求的支出弹性是在价格和其他因素不变的条件下，消费者支出变化所引起的商品需求数量变化程度的大小。总体上看，近10年来除了肉禽及其制品的消费支出弹性相对稳定外，其他食物的支出弹性总体上随收入水平的增加逐渐减小（表4-8），表明城镇居民肉禽类消费受收入变化较小，而收入变动对蛋类、水产品、菜类等消费影响较大。

从收入层级看，中国城镇居民低、中、高收入组的粮食、油脂类、蛋类、菜类的支出弹性大部分在0和1之间，表明这些食物种类缺乏弹性，属于正常商品，已经成为中国城镇居民的必须生活品；值得注意的是，高收入户的粮食和油脂类支出弹性为负值或0，表明随着收入的增加，粮食和油脂类食物对于高收入户来说，具有劣质品的属性，即居民收入增加不仅不会增加对这些食物消费增加，而且可能保持减少对这些食物的消费支出。低、中、高收入户组肉禽及其制品、酒和饮料、干鲜瓜果、糕点类和奶及其制品的支出弹性均大于1，为富有弹性的商品，表明对中国城镇居民来说，其消费支出增加时，对这些种类的食物消费需求量增加；特别是低收入户组奶及其制品的支出弹性为2.27，表明对低收入户来说，奶及奶制品仍是奢侈品。

表 4-8　中国城镇居民不同收入群组食物消费支出弹性

	不同时期	粮　食	油脂类	肉禽及其制品	蛋　类	水产品类	菜　类	酒和饮料	干鲜瓜果类	糕点类	奶及其制品
低收入户	2001—2007	0.26	0.51	1.02	0.84	1.94	0.57	1.65	1.33	1.93	2.18
	2008—2011	0.26	0.49	1.02	0.84	1.95	0.57	1.66	1.32	1.93	2.18
	合计	0.34	0.51	1.02	0.86	1.96	0.56	1.67	1.35	1.96	2.27
中等收入户	2001—2007	0.04	0.31	1.03	0.83	1.79	0.43	1.54	1.30	1.77	1.93
	2008—2011	-0.03	0.30	1.03	0.80	1.79	0.45	1.55	1.28	1.80	2.01
	合计	0.01	0.30	1.03	0.82	1.79	0.44	1.54	1.29	1.78	1.96
高收入户	2001—2007	-0.30	-0.02	1.03	0.77	1.65	0.31	1.49	1.26	1.67	1.84
	2008—2011	-0.29	0.04	1.03	0.74	1.69	0.32	1.47	1.25	1.71	1.93
	合计	-0.30	0.00	1.03	0.76	1.66	0.31	1.49	1.26	1.68	1.87

就不同时期而言，低、中、高收入组内在不同人均 GDP 阶段，各类食物的支出弹性差异并不大，但中等收入户在 2008—2011 年蔬菜和奶及其制品的支出弹性大于 2001—2007 年的，高收入户的水产品、糕点和奶及其制品的支出弹性也表现出同样的特点，表明中高收入户在人均 GDP 超过 3 000 美元后，更倾向于消费水产品、奶类等营养价值更高和糕点等食物，这可能与其收入水平提高后，更注重食物的品质质量、营养健康和休闲娱乐等有关。

三、不同收入分组的食物消费价格弹性分析

（一）马歇尔价格弹性

需求的价格弹性包括自价格弹性和交叉价格弹性，指在其他商品的价格保持不变时，某种商品的价格变动 1%，引起消费者对该种商品或其他商品需求量变动的百分比，体现了在一定时期内居民对某种商品的需求量对于其自身价格变动和相关商品价格变动的反应程度。

从表 4-9 可见，中国城镇居民低、中、高收入人群糕点类食物的消费需求受其价格变化影响的弹性较大，即糕点类食物价格每提高 1%，三个收入组的消费量分别减少 1.03%、1.03%和 1.02%。同时，肉禽及其制品、酒类和奶及其制品的自价格弹性在 0.59 和 1 之间，表明这些食物的需求量对价格变动的反应相对比较敏感，当价格上涨时，其需求量将会有较大幅度的减少；而粮食、油脂类、蛋类、菜类等的需求量对价格反应不敏感，这可能是因随着居民生活水平的不断提高，粮食、油脂等作为人民日常生活必需品，具有刚性需求

特性，而其消费在整个食物消费支出中所占份额不断减少，且随着人们健康意识增强，更加注重对蛋类、菜类等食物的摄入。

从收入层级看，近10年来随着中国城镇居民家庭收入水平的不断提高，粮食、油脂类、肉禽及其制品、蛋类、菜类消费的自价格弹性不同程度减小，说明低收入户在这些食物上的消费对价格变动影响较大；而水产品类、酒和饮料、干鲜瓜果类和奶及奶制品的自价格弹性不同程度增加，说明即使这些食物的价格上涨，较高收入水平家庭也不会减少对这类商品的消费，这可能与高收入水平家庭具有较强的消费能力有关，加上中国农业生产和食品工业快速发展，水产品、酒、饮料、奶制品等具有较高的附加值，同时反季节栽培、跨区域调运等高档水果已成为高收入家庭的日常消费。

表4-9　中国城镇居民不同收入群组食物消费马歇尔价格弹性

收入分组	不同时期	粮食	油脂类	肉禽及其制品	蛋类	水产品类	菜类	酒和饮料	干鲜瓜果类	糕点类	奶及其制品
低收入户	2001—2007	-0.32	-0.12	-0.62	-0.18	-0.47	-0.24	-0.71	-0.33	-1.03	-0.87
	2008—2011	-0.21	-0.06	-0.63	0.00	-0.48	-0.26	-0.72	-0.42	-1.03	-0.87
	总平均	-0.28	-0.10	-0.62	-0.13	-0.48	-0.25	-0.72	-0.37	-1.03	-0.87
中等收入户	2001—2007	-0.04	0.20	-0.62	-0.04	-0.65	-0.12	-0.80	-0.48	-1.03	-0.92
	2008—2011	0.02	0.21	-0.63	0.14	-0.64	-0.16	-0.79	-0.52	-1.03	-0.90
	总平均	-0.02	0.20	-0.62	0.02	-0.64	-0.14	-0.80	-0.50	-1.03	-0.91
高收入户	2001—2007	0.20	0.65	-0.58	0.20	-0.76	-0.03	-0.84	-0.56	-1.02	-0.93
	2008—2011	0.19	0.55	-0.59	0.36	-0.74	-0.05	-0.84	-0.58	-1.02	-0.92
	总平均	0.20	0.61	-0.59	0.25	-0.75	-0.04	-0.84	-0.57	-1.02	-0.93

从社会发展阶段看，各种食物消费自价格弹性表现有所差异。就低收入户组看，肉禽及其制品、水产品类、菜类、酒和饮料、糕点类和奶及其制品的自价格弹性在人均GDP低于3 000美元和高于3 000美元的两个阶段基本不变，表明在这两时期城镇低收入户这些食物消费需求对价格变化反应并不明显；粮食、油脂类和蛋类的自价格弹性则逐渐下降，而干鲜瓜果类则略有增加，表明在低收入户的粮食、油脂和蛋类等食物的生活必需品属性更加凸显，消费品质更高的干鲜瓜果产品的意愿有所增强。对于中、高收入户而言，肉禽及其制品、水产品、菜类、酒和饮料、干鲜瓜果、糕点类和奶及其制品等的自价格弹性在2001—2007年和2008—2011年两个阶段没有显著差

异，表明中、高收入家庭对这些食物的消费在2个阶段对价格的反应并不敏感。中、高收入户的粮食、油脂类和蛋类自价格弹性在这两个阶段内大部分为正，可能是因这些食物已经成为其日常生活的必需品，且在整个食物消费支出中的比例较小的缘故。

（二）希克斯价格弹性

从希克斯交叉价格弹性计算结果可以看出（表4-10，表4-11和表4-12），随着中国农业生产和食品工业的持续稳定发展，加上农食产品流通体系逐步完善，城镇居民食物供给日趋丰富多样，各种食物之间的替代或互补作用不断增强，但在不同收入分组之间和组内不同社会发展阶段有所差异。

表4-10　低收入户食物消费希克斯价格弹性

年份	类别	低收入户										
		粮食	油脂类	肉禽及其制品	蛋类	水产品类	菜类	酒和饮料	干鲜瓜果类	糕点类	奶及其制品	交叉价格弹性绝对值之和
2001—2007	粮食	-0.26	0.02	0.10	-0.04	-0.02	0.09	-0.06	0.06	0.04	0.06	0.49
	油脂类	0.04	-0.09	0.20	-0.07	-0.10	-0.03	0.01	-0.01	-0.08	0.11	0.65
	肉禽及其制品	0.06	0.04	-0.32	0.03	-0.03	0.07	0.04	0.01	0.03	0.07	0.39
	蛋类	-0.17	-0.09	0.17	-0.14	0.01	0.00	-0.05	-0.02	0.09	0.21	0.81
	水产品类	-0.04	-0.09	-0.15	0.01	-0.34	0.04	0.25	0.26	0.07	-0.02	0.91
	菜类	0.10	-0.01	0.13	0.00	0.02	-0.15	-0.03	-0.02	-0.02	-0.02	0.33
	酒和饮料	-0.19	0.02	0.24	-0.05	0.34	-0.08	-0.63	0.18	0.10	0.07	1.82
	干鲜瓜果类	0.14	0.00	0.04	-0.01	0.22	-0.03	0.12	-0.22	-0.02	-0.23	0.92
	糕点类	0.29	-0.23	0.38	0.19	0.21	-0.18	0.23	-0.07	-0.99	0.19	1.95
	奶及其制品	0.25	0.15	0.48	0.20	-0.02	-0.06	0.08	-0.42	0.09	-0.76	1.77
	交叉价格弹性绝对值之和	1.27	0.66	1.88	0.59	0.97	0.58	1.47	1.08	0.54	0.98	

（续表）

年份	类别	粮食	油脂类	肉禽及其制品	蛋类	水产品类	菜类	酒和饮料	干鲜瓜果类	糕点类	奶及其制品	交叉价格弹性绝对值之和
						低收入户						
2008—2011	粮食	-0.17	0.01	0.07	-0.06	-0.03	0.09	-0.08	0.07	0.04	0.07	0.51
	油脂类	0.02	-0.03	0.20	-0.08	-0.11	-0.03	0.01	0.00	-0.09	0.11	0.66
	肉禽及其制品	0.04	0.04	-0.32	0.02	-0.03	0.08	0.04	0.03	0.03	0.08	0.38
	蛋类	-0.27	-0.13	0.15	0.03	0.00	-0.03	-0.08	-0.03	0.11	0.25	1.03
	水产品类	-0.08	-0.09	-0.12	0.00	-0.34	0.04	0.25	0.27	0.07	0.00	0.93
	菜类	0.08	-0.01	0.14	-0.01	0.02	-0.17	-0.02	0.00	-0.02	-0.01	0.32
	酒和饮料	-0.22	0.01	0.26	-0.05	0.34	-0.07	-0.64	0.19	0.10	0.08	1.89
	干鲜瓜果类	0.11	0.00	0.09	-0.01	0.20	0.00	0.11	-0.30	-0.01	-0.19	0.91
	糕点类	0.23	-0.22	0.39	0.17	0.21	-0.16	0.22	-0.05	-0.98	0.19	1.84
	奶及其制品	0.19	0.14	0.48	0.17	-0.01	-0.04	0.08	-0.35	0.09	-0.76	1.54
	交叉价格弹性绝对值之和	1.25	0.65	1.90	0.58	0.94	0.54	1.50	1.09	0.55	0.98	
总平均	粮食	-0.23	0.01	0.09	-0.05	-0.02	0.09	-0.06	0.07	0.04	0.07	0.50
	油脂类	0.03	-0.07	0.20	-0.07	-0.10	-0.03	0.01	0.00	-0.08	0.11	0.65
	肉禽及其制品	0.05	0.04	-0.32	0.02	-0.03	0.07	0.04	0.02	0.03	0.08	0.38
	蛋类	-0.20	-0.11	0.16	-0.09	0.01	-0.01	-0.06	-0.02	0.10	0.22	0.88
	水产品类	-0.05	-0.09	-0.14	0.01	-0.34	0.04	0.25	0.27	0.07	-0.01	0.92
	菜类	0.09	-0.01	0.13	0.00	0.02	-0.15	-0.02	-0.01	-0.02	-0.02	0.33
	酒和饮料	-0.20	0.01	0.25	-0.05	0.34	-0.08	-0.63	0.19	0.10	0.07	1.84
	干鲜瓜果类	0.13	0.00	0.06	-0.01	0.22	-0.02	0.11	-0.25	-0.02	-0.22	0.92
	糕点类	0.27	-0.23	0.38	0.18	0.21	-0.17	0.22	-0.06	-0.98	0.19	1.91
	奶及其制品	0.23	0.15	0.48	0.19	-0.01	-0.05	0.08	-0.39	0.09	-0.76	1.68
	交叉价格弹性绝对值之和	1.26	0.65	1.89	0.58	0.96	0.56	1.48	1.09	0.54	0.98	

表 4-11　中等收入户食物消费希克斯价格弹性

年份	类别	中等收入户										
		粮食	油脂类	肉禽及其制品	蛋类	水产品类	菜类	酒和饮料	干鲜瓜果类	糕点类	奶及其制品	交叉价格弹性绝对值之和
2001—2007	粮食	-0.04	-0.01	0.01	-0.08	-0.03	0.06	-0.09	0.07	0.04	0.08	0.48
	油脂类	-0.03	0.21	0.16	-0.11	-0.14	-0.11	0.01	-0.02	-0.12	0.14	0.84
	肉禽及其制品	0.00	0.03	-0.32	0.02	-0.01	0.05	0.06	0.03	0.04	0.10	0.34
	蛋类	-0.28	-0.14	0.14	-0.01	0.03	-0.05	-0.06	-0.01	0.11	0.25	1.07
	水产品类	-0.05	-0.07	-0.02	0.01	-0.48	0.05	0.22	0.24	0.06	0.03	0.75
	菜类	0.05	-0.03	0.10	-0.01	0.03	-0.06	-0.02	-0.01	-0.03	-0.01	0.30
	酒和饮料	-0.16	0.01	0.26	-0.03	0.30	-0.04	-0.69	0.18	0.09	0.10	1.81
	干鲜瓜果类	0.08	-0.01	0.10	0.00	0.22	-0.02	0.12	-0.35	0.00	-0.14	0.92
	糕点类	0.18	-0.18	0.36	0.14	0.20	-0.12	0.20	0.00	-0.97	0.19	1.57
	奶及其制品	0.14	0.10	0.42	0.14	0.04	-0.02	0.10	-0.22	0.08	-0.79	1.27
	交叉价格弹性绝对值之和	0.98	0.57	1.56	0.56	1.00	0.50	1.56	0.95	0.57	1.04	
2008—2011	粮食	0.02	-0.02	-0.01	-0.10	-0.04	0.06	-0.10	0.08	0.04	0.07	0.53
	油脂类	-0.04	0.23	0.16	-0.12	-0.14	-0.10	0.01	-0.01	-0.12	0.14	0.85
	肉禽及其制品	0.00	0.03	-0.32	0.01	-0.01	0.06	0.06	0.04	0.04	0.09	0.33
	蛋类	-0.36	-0.17	0.12	0.17	0.02	-0.08	-0.08	-0.03	0.13	0.28	1.26
	水产品类	-0.06	-0.07	-0.01	0.01	-0.47	0.05	0.22	0.25	0.06	0.03	0.75
	菜类	0.05	-0.03	0.11	-0.02	0.03	-0.09	-0.02	0.00	-0.02	-0.01	0.29
	酒和饮料	-0.18	0.01	0.27	-0.04	0.30	-0.04	-0.69	0.19	0.09	0.09	1.86
	干鲜瓜果类	0.08	-0.01	0.12	-0.01	0.21	0.00	0.12	-0.38	0.00	-0.13	0.93
	糕点类	0.17	-0.19	0.38	0.14	0.21	-0.12	0.21	0.00	-0.97	0.19	1.59
	奶及其制品	0.13	0.10	0.45	0.14	0.04	-0.03	0.10	-0.24	0.08	-0.78	1.31
	交叉价格弹性绝对值之和	1.07	0.61	1.62	0.58	1.00	0.54	1.58	1.02	0.59	1.04	

（续表）

年份	类别	粮食	油脂类	肉禽及其制品	蛋类	水产品类	菜类	酒和饮料	干鲜瓜果类	糕点类	奶及其制品	交叉价格弹性绝对值之和
中等收入户												
总平均	粮食	-0.02	-0.01	0.00	-0.09	-0.04	0.06	-0.10	0.07	0.04	0.08	0.49
	油脂类	-0.04	0.22	0.16	-0.12	-0.14	-0.10	0.01	-0.02	-0.12	0.14	0.85
	肉禽及其制品	0.00	0.03	-0.32	0.02	-0.01	0.05	0.06	0.04	0.04	0.10	0.33
	蛋类	-0.30	-0.15	0.13	0.05	0.03	-0.06	-0.06	-0.02	0.12	0.26	1.13
	水产品类	-0.05	-0.07	-0.02	0.01	-0.48	0.05	0.22	0.24	0.06	0.03	0.75
	菜类	0.05	-0.03	0.10	-0.01	0.03	-0.07	-0.02	-0.01	-0.02	-0.01	0.29
	酒和饮料	-0.17	0.01	0.26	-0.03	0.30	-0.04	-0.69	0.19	0.09	0.09	1.83
	干鲜瓜果类	0.08	-0.01	0.10	-0.01	0.22	-0.01	0.12	-0.36	0.00	-0.14	0.92
	糕点类	0.18	-0.18	0.36	0.14	0.20	-0.12	0.21	0.00	-0.97	0.19	1.58
	奶及其制品	0.14	0.10	0.43	0.14	0.04	-0.03	0.10	-0.22	0.08	-0.78	1.28
	交叉价格弹性绝对值之和	1.01	0.58	1.58	0.56	1.00	0.52	1.56	0.98	0.57	1.04	

表 4-12　高收入户食物消费希克斯价格弹性

年份	类别	粮食	油脂类	肉禽及其制品	蛋类	水产品类	菜类	酒和饮料	干鲜瓜果类	糕点类	奶及其制品	交叉价格弹性绝对值之和
高收入户												
2001—2007	粮食	0.17	-0.04	-0.07	-0.12	-0.05	0.03	-0.12	0.07	0.05	0.08	0.64
	油脂类	-0.11	0.65	0.10	-0.18	-0.21	-0.21	0.00	-0.06	-0.17	0.17	1.20
	肉禽及其制品	-0.03	0.01	-0.31	0.01	0.02	0.03	0.07	0.05	0.04	0.11	0.37
	蛋类	-0.40	-0.20	0.08	0.22	0.04	-0.11	-0.07	-0.02	0.14	0.31	1.37
	水产品类	-0.03	-0.05	0.03	0.01	-0.55	0.06	0.19	0.22	0.06	0.06	0.71
	菜类	0.02	-0.05	0.06	-0.02	0.05	0.01	-0.02	-0.01	-0.03	-0.01	0.28
	酒和饮料	-0.15	0.00	0.23	-0.03	0.31	-0.03	-0.71	0.19	0.09	0.11	1.82
	干鲜瓜果类	0.06	-0.01	0.10	-0.01	0.24	-0.01	0.13	-0.41	0.01	-0.10	0.94
	糕点类	0.14	-0.15	0.31	0.11	0.23	-0.09	0.19	0.04	-0.96	0.18	1.43
	奶及其制品	0.10	0.07	0.37	0.12	0.10	-0.02	0.11	-0.15	0.08	-0.79	1.12
	交叉价格弹性绝对值之和	1.04	0.59	1.35	0.60	1.24	0.57	1.61	1.03	0.68	1.13	

（续表）

年　份	类　别	高收入户 粮　食	油脂类	肉禽及其制品	蛋　类	水产品类	菜　类	酒和饮料	干鲜瓜果类	糕点类	奶及其制品	交叉价格弹性绝对值之和
2008—2011	粮食	0.16	−0.03	−0.08	−0.13	−0.05	0.04	−0.12	0.08	0.05	0.08	0.65
	油脂类	−0.10	0.55	0.11	−0.17	−0.19	−0.18	0.00	−0.04	−0.16	0.16	1.10
	肉禽及其制品	−0.03	0.01	−0.31	0.01	0.01	0.03	0.08	0.05	0.04	0.10	0.37
	蛋类	−0.46	−0.22	0.06	0.38	0.03	−0.13	−0.09	−0.04	0.15	0.33	1.52
	水产品类	−0.04	−0.06	0.03	0.01	−0.54	0.05	0.21	0.23	0.06	0.05	0.73
	菜类	0.02	−0.05	0.07	−0.03	0.05	−0.01	−0.02	0.00	−0.03	−0.02	0.27
	酒和饮料	−0.14	0.00	0.25	−0.03	0.29	−0.02	−0.72	0.19	0.08	0.10	1.79
	干鲜瓜果类	0.06	−0.01	0.11	−0.01	0.22	0.00	0.13	−0.42	0.01	−0.10	0.95
	糕点类	0.14	−0.16	0.33	0.11	0.22	−0.10	0.21	0.04	−0.97	0.18	1.48
	奶及其制品	0.11	0.08	0.40	0.12	0.08	−0.03	0.12	−0.17	0.09	−0.78	1.20
	交叉价格弹性绝对值之和	1.09	0.63	1.42	0.61	1.14	0.59	1.67	1.08	0.67	1.11	
总平均	粮食	0.17	−0.04	−0.07	−0.12	−0.05	0.03	−0.12	0.08	0.05	0.08	0.64
	油脂类	−0.10	0.61	0.10	−0.17	−0.20	−0.20	0.00	−0.05	−0.16	0.17	1.16
	肉禽及其制品	−0.03	0.01	−0.31	0.01	0.01	0.03	0.07	0.05	0.04	0.11	0.37
	蛋类	−0.42	−0.20	0.08	0.27	0.04	−0.12	−0.08	−0.03	0.14	0.32	1.42
	水产品类	−0.03	−0.05	0.03	0.01	−0.55	0.06	0.20	0.23	0.06	0.05	0.72
	菜类	0.02	−0.05	0.06	−0.03	0.05	0.00	−0.02	0.00	−0.03	−0.01	0.28
	酒和饮料	−0.15	0.00	0.24	−0.03	0.30	−0.03	−0.72	0.19	0.09	0.10	1.81
	干鲜瓜果类	0.06	−0.01	0.10	−0.01	0.23	0.00	0.13	−0.41	0.01	−0.10	0.95
	糕点类	0.14	−0.15	0.32	0.11	0.22	−0.09	0.20	0.04	−0.96	0.18	1.45
	奶及其制品	0.10	0.08	0.38	0.12	0.09	−0.02	0.11	−0.16	0.09	−0.79	1.15
	交叉价格弹性绝对值之和	1.06	0.60	1.38	0.61	1.20	0.57	1.63	1.05	0.67	1.13	

从收入分层看，低、中、高收入组的粮食、肉禽及其制品等价格变动对其他食物需求量影响较大（纵列交叉价格弹性绝对值之和均大于1），但随收入

增长其影响程度呈减小趋势（低、中、高收入组粮食的交叉价格弹性绝对值之和分别为 1.26、1.01 和 1.06，肉禽及其制品分别为 1.89、1.58 和 1.38）；水产品、奶类价格变动对其他食物需求量的影响随着收入水平提高而增大（低中高收入组水产品的交叉价格弹性绝对值之和分别为 0.96、1.00 和 1.20，奶及其制品分别为 0.98、1.04 和 1.13），可能是因为收入增加使的人们越来越倾向于消费水产品和奶制品等富含优质蛋白质的食物。同时，酒和饮料、糕点类和奶及其制品的行交叉价格弹性绝对值之和均大于 1，表明这些食物的需求量易受其他食物价格波动影响，粮食、肉禽及其制品、水产品、菜类的需求量受到的影响则相对较小，这进一步反映出随着中国城镇居民生活水平的提高，粮食、肉类、水产品和蔬菜在日常生活中占有重要地位，同时人们更加注重合理的膳食搭配。

在不同社会发展阶段，低、中、高收入组内各种食物之间的替代或互补关系变化不大，但粮食、肉禽及其制品、酒和饮料、干鲜瓜果的纵列交叉价格弹性绝对值之和均大于 1，表明这些食物的价格变动对其他食物的需求量有较大的影响；酒和饮料、糕点类和奶制品的行交叉价格弹性绝对值之和均大于 1，表明这些食物的需求量受其他食物价格波动的影响较大，而粮食、肉禽及其制品、菜类需求量受其他食物价格波动的影响较小。此外，低收入组的蛋类行交叉价格弹性之和在 2001—2007 年和 2008—2011 年分别为 0.81 和 1.03，中、高收入组内两个阶段的行交叉价格弹性均大于 1，表明随着经济社会发展，城镇低收入居民蛋类消费量受其他食物价格波动的影响逐渐变大。

第五节　小　结

改革开放以来，中国经济社会快速发展，城镇居民的食物消费作为其日常活动的一种重要经济行为，经济因素仍是影响其食物消费模式的重要因素之一，这主要是通过居民收入水平、食物价格水平、区域经济发展水平等对人们的食物消费模式产生影响；食物生产能力、食物市场发育程度和餐饮业发展水平等食物供给水平的不断提高，也进一步加速了城镇居民食物消费模式的转变。这些因素往往交织融合在一起，综合作用，对城镇居民的食物消费模式产生影响。

近 10 年来，中国城镇居民生活水平明显提高，肉类等动物性食物消费持续增加。计算结果表明，随着经济社会发展，城镇居民的粮食、油脂类、蛋类、菜类是重要必须生活品，奶类仍是低收入户组的奢侈品，不同收入组间肉禽类消费支出弹性无差异；肉禽及其制品、酒类和奶及其制品需求量对价格变动的反应相对比较敏感，而粮食、油脂类、蛋类、菜类等的需求量对价格反应不敏感，刚性需求特性明显。低收入户粮食、油脂类、肉禽及其制品、蛋类、菜类消费的消费需求对价格变动反应较大，而较高收入户不会因价格上涨而减少对水产品类、酒和饮料、干鲜瓜果类的消费。粮食、肉禽及其制品等价格变动对其他食物需求量影响较大但随着收入的增长，其影响程度随收入增加而呈减小趋势；水产品、奶类价格变动对其他食物需求量的影响随着收入水平的提高而增大；酒和饮料、糕点类和奶及其制品的需求量易受其他食物价格波动的影响，而粮食、肉禽及其制品、水产品、菜类的需求量受其他食物价格波动的影响较小。

人均 GDP 超过 3 000 美元后，中国城镇居民食物消费逐步转型升级，且在中、高收入组表现较为明显，更倾向于消费水产品、奶类等高营养价值食物和糕点等休闲食品；低收入户对肉类、水产品、菜莱等的消费需求差异并不明显，但粮食、油脂和蛋类的生活必需品属性更为明显；中、高收入户的食物消费能力相对较强，不同阶段的需求量对价格反应并不敏感。在不同社会发展阶段，肉禽及其制品、酒和饮料、干鲜瓜果价格变动对其他食物需求量有较大影响；酒和饮料、糕点类和奶制品的需求量受其他食物价格波动的影响较大，而粮食、肉禽及其制品、菜类等的需求量受其他食物价格波动的影响较小。

在城镇化、农业现代化战略加快推进和全面小康社会加速建设时期，中国经济社会将继续保持良好发展态势，人均 GDP 和城镇居民收入水平将不断提高，食物消费将加快转型升级。因此，针对中国城镇居民的食物消费特点制定相关政策具有重要的现实意义。一要不断提高城镇低收入人群的收入水平，探索食物价格与补贴联动机制，切实落实最低生活保障制度，持续增强其食物消费能力。二要强化农产品市场监测预警，畅通流通渠道，增强主要食物供给能力，确保粮食、蔬菜、蛋类等生活必须品价格基本稳定。三要加大宣传力度，引导居民合理消费，适当减少肉类等高脂肪、高热量食物的消费，增加富含蛋白质和膳食纤维的奶类、蔬菜等食物的消费，促进膳食结构更加科学均衡，不断改善居民营养健康状况。

第五章　中国城镇居民营养变迁特征分析

民以食为天。为维持机体的正常生命活动，人们必须从不同的食物中摄入各种营养素以满足身体需要。从营养学角度来说，人类必须从食物中摄取人体所需的各种营养素来维持生命与健康，如蛋白质、脂肪、糖类、水、无机盐等，这一过程中食物的摄取（食物消费）是基本的前提，也是对人们的营养和健康状况遇着重要影响。如果某种营养素长期摄入不足或过多，就可能产生相应的营养不足或过多的危害；而合理营养是健康的物质基础，平衡膳食、合理消费又是营养健康的根本途径。

居民的营养与健康状况是反映一个国家和地区经济社会发展、人口素质和农业产业发展等情况的重要指标之一。在过去的 30 多年里，中国经济社会持续快速发展，农业现代化与城镇化建设加快推进，城乡居民生活状况已经发生了巨大变化。在这期间，中国城镇居民的收入水平快速提高、消费能力大幅提升，同时居民的膳食结构、营养状况和疾病模式也发生了重要变化。一方面，经济社会的快速发展为消除贫困和饥饿、改善营养缺乏等情况提供了坚实的经济基础；另一方面也导致了人民生活方式、消费行为、膳食结构及疾病谱的加速转变。

从全球食物与营养发展的历程看，多数发达国家和部分发展中国家为促进农业生产稳定发展、居民营养健康水平持续提高等都制定了相应的政策措施，如定期开展国民膳食、营养和健康状况调查，及时发布居民健康状况报告，并根据本国和地区的食物供给、消费需求、经济社会发展水平等制定相应的食物生产和营养干预政策等。作为世界上的人口大国和最大的发展中国家，中国也一直高度重视居民的营养健康状况，曾于 1959 年、1982 年、1992 年和 2002 年开展了四次全国性的居民营养健康状况调查工作。这些调查为中国卫生保健、疾病预防、食物发展等政策措施的制定提供了大量的基础数据。特别是 2002 年的中国居民营养和健康状况调查，是中国第一次将营养与高血压、糖尿病、肥胖等多项慢性非传染性疾病等流行病学调查共同作为一项综合卫生调查项目，在全国31个省、自治区、直辖市组织实施，并形成了一系列有价值的研究报告，为居民合理营养和慢性病控制等奠定了科学基础。

当前，中国居民的人均GDP已超过7 000美元，城镇居民生活水平大幅提升，更加注重食物消费的营养性和自身的健康状况。从营养与健康科学发展的规律看，中国正处于膳食与疾病发展的重要转折阶段。中国居民营养与健康状况监测的最新数据显示，中国城市居民膳食结构不尽合理，部分营养素摄入不足和能量摄入相对过剩同时存在，超重率已经达到了32.4%，这给中国居民的膳食营养与健康以及社会经济发展带来的重大挑战。针对中国食物与营养发展面临的新机遇新挑战和新形势，国务院办公厅于2014年发布了《中国食物与营养发展纲要（2014—2020年）》，对中国食物与营养发展提出了总体设想、具体目标和保障措施等，明确提出了2020年中国居民的食物消费和营养发展目标。这也是未来一段时期，中国城乡居民食物与营养发展的重要依据和指南。

本章应用国家卫生部编制的《卫生统计年鉴》中相关数据，结合美国北卡罗莱纳州立大学和中国疾病预防控制中心联合开展的“中国居民营养与健康状况调查”（CHNS）等数据和联合国粮农组织（FAO）供需平衡表中的中国居民食物消费（营养素）数据，对中国居民的营养变迁规律进行研究，以期为相关政策的制定提供借鉴和参考。

第一节　食物摄入量

在人类维持机体的正常生命活动中，必须进行有效的食物消费，才能从食物中摄入各种营养素，满足身体需要。原国家卫生部对居民的食物摄取情况高度重视，分别在1982、1992和2002年进行了全国性居民营养与健康状况调查，对中国居民的食物摄入情况进行了统计分析（表5-1）。分析结果表明，植物性食物仍是中国城乡居民主要摄入食物种类，但呈减少趋势，而动物性食物摄入量占比相对较小但呈明显的增加趋势。

表 5-1　中国城镇居民每人每日食物摄入量

食物分类（g/标准人/日）	全国平均			城　市			农　村		
	1982	1992	2002	1982	1992	2002	1982	1992	2002
米及其制品	217.0	226.7	238.3	217.0	223.1	217.8	217.0	255.8	246.2
面及其制品	189.2	178.7	140.2	218.0	165.3	131.9	177.0	189.1	143.5
其他谷类	103.5	34.5	23.6	24.0	17.0	16.3	137.0	40.9	26.4
薯类	179.9	86.6	49.1	66.0	46.0	31.9	228.0	108.0	55.7
干豆类	8.9	3.3	4.2	6.1	2.3	2.6	10.1	4.0	4.8
豆制品	4.5	7.9	11.8	8.2	11.0	12.9	2.9	6.2	11.4
深色蔬菜	79.3	102.0	90.8	68.0	98.1	88.1	84.0	107.1	91.8
浅色蔬菜	236.8	208.3	185.4	234.0	221.2	163.8	238.0	199.6	193.8
腌菜	14.0	9.7	10.2	12.1	8.0	8.4	14.8	10.8	10.9
水果	37.4	49.2	45.0	68.3	80.1	69.4	24.4	32.0	35.6
坚果	2.2	3.1	3.8	3.5	3.4	5.4	1.7	3.0	3.2
植物性食物	1 072.7	910.0	802.4	925.2	875.5	748.5	1 134.9	953.5	823.3
奶及其制品	8.1	14.9	26.5	9.9	36.1	65.8	7.3	3.8	11.4
蛋及其制品	7.3	16.0	23.7	15.5	29.4	33.2	3.8	8.8	20.0
畜禽类	34.2	58.9	78.6	62.0	100.5	104.5	22.5	37.6	68.7
鱼虾类	11.1	27.5	29.6	21.6	44.2	44.9	6.6	19.2	23.7
动物性食物	60.7	117.3	158.4	109.0	210.2	248.4	40.2	69.4	123.8
植物油	12.9	22.4	32.9	21.2	32.4	40.2	9.3	17.1	30.1
动物油	5.3	7.1	8.7	4.6	4.5	3.8	5.6	8.5	10.6
糕点类			9.2			17.2			6.2
淀粉及糖	5.4	4.7	4.4	10.7	7.7	5.2	3.1	3.0	4.1
食盐	12.7	13.9	12.0	11.4	13.3	10.9	13.2	13.9	12.4
酱油	14.2	12.6	8.9	32.5	15.9	10.6	6.5	10.6	8.2
酒类	3.2	2.2		4.4	2.9		3.6	1.8	
其他	9.2	11.5		11.0	20.6		9.8	6.6	

资料来源：卫生部 1982、1992、2002 年开展的全国居民营养与健康状况调查

标准人：18 岁轻体力活动男子

从植物性食物摄入量看，全国居民平均每日摄入量从 1982 年的 1 072.7g 减少至 2002 年的 802.4g，减 25.2%；城市居民日摄入量从 925.2g 减少至

748.5g，减了19.1%；与农村居民相比，城市居民的植物性食物摄入量相对较少，如1982年城市居民人均日摄入量比农村少209.7g，低18.5%，2002年这一差距缩小至74.8g，城市仍比农村低9.1%。从具体种类来看，米面及其制品和蔬菜类是中国居民主要的植物性食物，其中城镇居民米面及其制品年人均摄入量从1982年的435g减至1992年的385.4g，但占植物食物摄入总量的比重从40.6%增至48.0%，2002年为349.7g，占植物性食物摄入量的46.7%，摄入量和占比均比10年前略有下降。中国城镇居民的蔬菜摄入量在20世纪80—90年代稳中略增，1982年和1992年分别为302g和319.3g，增了5.7%，占植物性食物摄入量的比重从32.6%增至36.5%。之后的10年里，城镇居民的蔬菜类摄入量又有所下降，2002年的摄入量为251.9g，比全国平均水平低8.8%，比1992年减少了21.1%，占植物性食物的比重降至33.7%，比全国平均水平低0.7个百分点，比1992年底2.8个百分点。

从动物性食物摄入量看，中国城镇居民人均日摄入量大幅增长，从1982年的109.0g增至2002年的248.4g，增1.28倍，2002年比全国平均水平高90g，比农村居民多124.6g。从类别上看，畜禽类是城镇居民摄入的主要动物性食物：摄入量从1982年的62.0g增至1992年的100.5g，增长62.1%，之后基本稳定，2002年为104.5g，略增4.0%。在过去的30年时间里，城镇居民奶类摄入量持续快速增加，从1982年的人均日摄入量9.9g增至1992年的36.1g，增约2.6倍，2002年达到65.8g，比1992年多了29.7g，增长了82.2%。蛋类和水产品摄入量在经历20世纪80年代的快速增长后，于21世纪初趋于稳定：1992年摄入量分别为29.4g和44.2g，分别比1982年增长了89.7%和1.05倍，2002年分别增至33.2g和44.9g，仅比1992年多3.8g和0.7g。其他食物，如油脂、食盐、酱油等摄入量变化情况不同，其中植物油摄入量稳中有增，而食盐、酱油等调味品摄入量呈减少趋势。

第二节　主要营养素摄入量

随着经济社会的发展与居民生活水平的逐步提高，中国城镇居民的主要营养素摄入量均呈不同程度的增加。从表5-2可知，中国城镇居民的能量摄入量在20世纪80年代达到较高水平，每标准人/日摄入量为2 450 kcal，之后呈逐步减少态势，2002年减至2 134 kcal，2004年又有所增加，达2 268.5 kcal，比2002年多6.3%，2006年略减至2 205.4 kcal；与全国和农村居民的摄入平均水平相比，城镇居民的脂肪摄入量略低，如 1982 年比全国低约 1.66%，比农村居民低 2.35%，2002 年分别比全国和农村低 5.18%和 1.18%。

就蛋白质摄入量而言，中国城镇居民的蛋白质摄入量呈波动增长态势。具体来看，1982 年蛋白质摄入量为 66.8g，1992 年增至 75.1g，增长 12.43%，2004 年又有所减少，为 69.0g，之后又有所增加，2004 年达到近年来的最高水平，为 76.3g，2006 年摄入量又有所减少，为 70.6g，比 2004 年减少约 7.47%。与全国平均水平和农村居民的蛋白质摄入量相比，中国城镇居民的蛋白质摄入量略高。如 1982 年城镇居民的蛋白质摄入量分别比全国平均水平和农村居民高 0.1g 和 0.2g；随着城镇居民生活水平在 20 世纪 90 年代的大幅提高，居民蛋白质摄入量增加较多，明显比全国平均水平和农村居民摄入量高，1992 年分别比全国和农村居民高 10.44%和 16.80%。随着中国城乡经济社会的统筹发展，城乡居民生活水平都得到了大幅提高，特别是进入 21 世纪后，城乡差异显著缩小，居民的蛋白质摄入量地区间差异缩小，且于近年来低于全国平均水平和农村居民。2006 年城镇居民蛋白质摄入量分别比全国平均水平和农村居民摄入量低 0.4g 和 1.1g。

就脂肪摄入量而言，中国城镇居民的脂肪摄入量逐步增加，并始终保持相对较高的水平。从表 5-2 可知，中国城镇居民的脂肪摄入量从 1982 年的 68.3g 增至 2002 年的 85.5g；在之后的几年间基本稳定，2004 年为 85.7g，仅比 2002 年多 0.2g；但之后有明显增长，2006 年增至 95.4g，比 2004 年增长了 11.58%。与全国平均水平和农村居民摄入量相比，中国城镇居民的脂肪摄入量保持较高的水平。如 1982 年，中国城镇居民的脂肪摄入量分别比全国平均水平和农村居民高 41.99%和 72.47%；2002 年分别高 12.2%和 17.6%；随后，这一差距又有所缩小，2006 年分别高 11.5%和 15.50%。

表 5-2 中国城镇居民主要营养素摄入量

每标准人/日	年 份	营养素		
		能量（kcal）	蛋白质（g）	脂肪（g）
城市	1982	2 450.0	66.8	68.3
	1992	2 394.6	75.1	77.7
	2002	2 134.0	69.0	85.5
	2004	2 268.5	76.3	85.7
	2006	2 205.4	70.6	95.4

（续表）

每标准人/日	年　份	营养素		
		能量（kcal）	蛋白质（g）	脂肪（g）
农村	1982	2 509.0	66.6	39.6
	1992	2 294.0	64.3	48.3
	2002	2 295.5	64.6	72.7
	2004	2 491.1	74.6	69.3
	2006	2 554.1	71.7	82.6
合计	1982	2 491.3	66.7	48.1
	1992	2 328.3	68.0	58.3
	2002	2 250.5	65.9	76.2
	2004	2 414.6	74.1	76.6
	2006	2 323.4	71.8	85.5

数据来源：卫生部 1982 年、1992 年、2002 年开展的全国居民营养与健康状况调查，2004 年、2006 年数据来源 CHNS

标准人：18 岁轻体力男子

第三节　主要营养素来源构成

众所周知，受生物学特性影响，不同的食物种类所含的营养成分不同，对人类的营养价值也不一样。从中国城镇居民的主要营养素来源构成看，来源于植物性食物的能量、蛋白质在居民膳食中占有较大的比例，而动物性食物是脂肪的主要来源。从表 5-3 可知，2002 年中国城镇居民的能量来源中，有 52.6%的来源于植物性食物，比 1992 年低了 8.6%，其中谷类食物提供的能量占总能量的 48.5%，显著低于全国平均水平和农村地区，也明显低于 55%~65%的合理范围；来源于动物性食物的能量则从 1992 年的 15.2%上升至 2002 年的 17.6%。与全国平均水平相比，2002 年中国城镇居民的植物性食物来源供能比比全国平均水平低 9.9 个百分点，动物性食物供能比则高 5 个百分点；城市居民的脂肪供能比比 1992 年提高了 6.6 个百分点（李立明，2005），达到了 35%，全国有 2/3 城市居民脂肪供能比超过 30%，其中大城市居民脂肪供能比高达 38%；与农村相比，城镇居民的植物性食物供能比明显偏低，而动物性食物供能比显著高于农村居民。

从蛋白质的食物来源构成情况看，植物性食物仍是中国居民蛋白质的主要来源。从表 5-3 可知，中国城镇居民来源于植物性食物的蛋白质从 1992 年的 54.6%减至 2002 年的 40.7%，而动物性食物来源蛋白质占比则从 31.5%增至 35.8%，蛋白质来源的动、植物性食物比例从 1：1.73 上升至 1：1.14，即两者在蛋白质提供方面趋近于 1：1 的比例。从植物性食物来源看，谷类来源的蛋白质占比较大，虽然进入 21 世纪后有所下降，但占比仍达到 40.7%；来源于豆类的蛋白质虽然占比较小，但总体呈增加趋势，2002 年为 7.3%，比 1992 年增长了 1.5 个百分点。与全国平均水平相比，中国城镇居民来源于植物性食物的蛋白质占比明显偏低，如 2002 年比全国低 11.3 个百分点，而动物性食物来源比全国高 10.7 个百分点。与农村居民相比，城镇居民的蛋白质来源构成中植物性食物来源显著低于农村，而动物性食物来源显著高于农村。

表 5-3　中国城镇居民主要营养素来源结构　（%）

食物分类	合计		城市		农村	
	1992 年	2002 年	1992 年	2002 年	1992 年	2002 年
能量的食物来源						
谷类	66.8	57.9	57.4	48.5	71.7	61.5
豆类	1.8	2.6	2.1	2.7	1.7	2.6
薯类	3.1	2.0	1.7	1.4	3.9	2.2
动物性食物	9.3	12.6	15.2	17.6	6.2	10.7
纯热能食物	11.6	17.3	14.3	19.3	10.2	16.5
其他	7.4	7.6	9.4	10.5	6.4	6.5
蛋白质的食物来源						
谷类	61.6	52.0	48.8	40.7	68.3	56.5
豆类	5.1	7.5	5.8	7.3	4.8	7.6
动物性食物	18.9	25.1	31.5	35.8	12.4	21.0
其他	14.4	15.3	14.0	16.3	14.6	15.0
脂肪的食物来源						
动物性食物	37.2	39.2	38.7	36.2	36.3	40.4
植物性食物	62.8	60.8	61.3	63.8	63.7	59.6

资料来源：卫生部 1982 年、1992 年、2002 年开展的全国居民营养与健康状况调查

从脂肪的食物来源构成看，植物性食物仍是中国城镇居民脂肪的主要来

源，且占比有上升的趋势。具体来说，城镇居民来源于植物性食物的脂肪占比从1992年的61.3%增至2002年的63.8%，提高了2.5个百分点；而动物性食物来源的脂肪占比则从38.1%减少至36.2%，下降了2.5个百分点。与全国平均水平相比，城市居民植物性食物来源的脂肪占比在20世纪90年代低于全国水平，而进入21世纪后则高于全国平均水平，动物性食物脂肪来源占比则刚好相反，即20世纪90年代城市的低于全国平均水平，而到2002年后则高于全国平均水平。

第四节　居民膳食营养的影响因素分析

对于居民营养摄入量的影响分析历来都是学术界关注的焦点之一，经济发展、食物供应政策、食品加工等都对膳食营养变迁有重要影响（杜树发，2001），但收入对营养素摄入量的影响目前仍有不同观点。其中较为普遍的共识，即主流观点认为，收入和环境的变化，很大程度上影响了中国居民的饮食行为和营养状况（Du S，2004），居民收入增长能有效提高居民的营养摄入量，尤其是对低收入群体的营养不良状况改善方面表现较为明显（Adrian J，1976）。但有学者认为，随着人们收入水平不断提高，对食物的关注可能转向口感、质量和档次等，对加工程度高、价格水平高的食物消费倾向更大，而这些食物并不一定是营养价值高的食物（Wolfeb L，1983；Behrman J R，1987）。此外，有研究表明，居民的膳食模式和营养状况与一个国家或地区的食物价格和社区经济发展状况有关（Lawrence，2003），价格对于营养素的摄入量有显著影响（Drewnowski，2004），而低收入人群营养素摄入量对于价格的变化更为敏感（Drewnowski，2004；Guo X，1999）。苏畅（2012）的研究表明，猪肉和食用油价格的改变对脂肪摄入量和供能比都有重要影响，即适当提高猪肉和食用油的价格能减少人们对脂肪的摄入，并增加碳水化合物和蛋白质的摄入量；但提高猪肉和食用油价格会减少能量的摄入量。可以看出，在一定的收入水平下，食物价格对居民营养变化的影响主要是通过价格对居民的食物消费量产生影响，进而引起至人们对所摄入的各种营养素的变化。

本节利用中国统计年鉴城镇人均可支配收入数据和FAO食物平衡表中中国居民热量、蛋白质和脂肪的摄入进行回归分析，并结合2002年全国居民营养与健康调查数据，对居民收入变化与营养摄入情况和营养素来源情况，以及在外就餐对城镇居民营养素摄入量的影响等进行了分析。

一、不同收入群组间三大营养素来源结构差异显著

从2002年中国居民营养与健康状况调查数据可知，中国城市居民的热量、蛋白质和脂肪来源在不同收入群组间存在较大差异。从表5-4可知，在中国城市居民中，不同收入人群的热量、蛋白质和脂肪来源结构存在一定差异。其中，来源于动物性食物的热量随着收入水平提高而增加。具体来看，当收入低于800元时热量摄入来源于动物性食物的比重为16.6%，当人均收入水平高于5 000元时热量摄入中来源于动物性食物的比重增至20.9%，增长了4.3个百分点。在植物性食物供能中，谷类都是不同收入群体的主要供能食物，但随着收入水平的提高，谷类的供能比呈下降趋势。当年人均收入低于800元时，谷类的供能比为46.4%，而当收入水平提高至10 000元以上是，谷类供能比减至38.1%，比收入低于800元时下降了8.3个百分点。从蛋白质来源分布看，动物性食物是不同收入群组蛋白质的重要来源，且随着收入水平提高，来源于动物性食物的蛋白质占比呈增加趋势。当年均收入水平超过10 000元时，来源于动物性食物的蛋白质占总量的45.5%，比收入低于800元的高了10.8个百分点。而来源于植物性食物的蛋白质占比则随着收入的增加而下降。当收入超过10 000元时，来源于谷物的蛋白质占总量的28.5%，比收入低于800元时低9.8个百分点。从脂肪来源结构看，动物性食物在脂肪来源中的占比随着收入的增加而增加，植物性食物来源占比随收入增加而下降，这可能是高收入群组的动物性食物摄入较多而植物性食物摄入相对较少的缘故。与大城市相比，中国中小城市居民的能量、蛋白质和脂肪来源也存在收入群组的差异（表5-5），其变化特征与中国大城市的基本一致。

表5-4　中国大城市不同家庭年人均收入水平居民主要营养素来源分布（%）

	<800元	>800元	>2 000元	>5 000元	>10 000元
能量的食物来源					
谷类	46.4	46.2	43.4	40.4	38.1
豆类	3.4	3	3.4	3.3	3
薯类	1.5	1.3	1.3	1.1	1.1
动物性食物	16.6	16.6	18.5	20.9	22.7
纯能量食物	20.8	20.6	21.5	20.8	20.3
其他	11.3	12.3	11.8	13.5	14.7
蛋白质的食物来源					
谷类	38.3	37.5	34.9	31.5	28.5

（续表）

	<800 元	>800 元	>2 000 元	>5 000 元	>10 000 元
豆类	9.1	8.4	9.3	8.4	7.5
动物性食物	34.7	34.9	37.9	42.4	45.5
其他	18	19.2	17.9	17.7	18.6
脂肪的食物来源					
动物性食物	29.6	30.2	32.5	34.8	36.9
植物性食物	70.4	69.8	67.5	65.2	63.1

数据来源：中国居民营养与健康状况调查报告（2002）

表 5-5　中国中小城市不同家庭人均年收入水平居民主要营养素来源分布　(%)

	<800 元	>800 元	>2 000 元	>5 000 元	>10 000 元
能量的食物来源					
谷类	61.6	57.9	52.8	46.5	45.1
豆类	1.8	2.3	2.7	2.7	2.4
薯类	2	1.8	1.7	1.2	1
动物性食物	11.9	12.5	15.8	19.2	20.3
纯能量食物	16.6	17.9	18.3	19.4	19.4
其他	6.1	7.5	8.8	10.9	11.8
蛋白质的食物来源					
谷类	58.5	53.4	45.7	37.3	35.4
豆类	5.2	6.9	7.4	7	6.1
动物性食物	23.5	24.2	31.9	39.6	42
其他	12.8	15.5	15.1	16.1	16.4
脂肪的食物来源					
动物性食物	31.1	35.2	37.2	38.8	37.9
植物性食物	68.9	64.8	62.8	61.2	62.1

数据来源：中国居民营养与健康状况调查报告（2002）

二、居民收入水平对营养摄入量有重要影响

从食物消费与营养的角度来看，人们收入的增长势必会根据生活习惯、消费偏好等增加营养更加丰富、品质更高的食物进行消费，这就会对居民蛋白质、脂肪等各种营养素的摄入量产生不同程度的影响。利用 FAO 食物平衡表的热量、蛋白质和脂肪摄入量与中国城镇居民人均可支配收入进行回归拟合分析，结果表明，随着城镇居民人均可支配收入的不断增加，热量、蛋白质和脂

肪的摄入量也呈快速增加趋势；居民热量、蛋白质和脂肪摄入量与人均可支配收入的对数值呈显著的线性相关关系，相关系数分别达到了0.954、0.981和0.993，这表明城镇居民人均可支配收入对热量、蛋白质和脂肪的摄入量有显著的正向影响，即随着人均可支配收入的增长而增加。

三、在外就餐是影响城镇居民营养变化的重要因素

随着城镇居民收入水平的快速增长和食物生产供给的不断增加，无论从口味选择、便利程度和市场价格等，还是从居民自身需求看，在外就餐在满足人们生活需要的同时，也改变了人们工作和休闲时间的食物消费结构（Geneva，1998），进而引起人们营养状况的变化。与在家就餐相比，当人们在外就餐时面制品、油炸食品、高脂肪的红肉、奶类、快餐类食物等往往消费的更多，而蔬菜、粗粮等食物摄入相对较少，由此引起热量、脂肪的摄入往往是较多的。在美国等以西方饮食模式为主的发达国家，低收入社区、少数族裔社区，其社区食物环境以快餐店和便利店为主，主要供应高脂肪、高能量密度、低营养价值的不健康食品（Moore，2006，2008；Pearce，2007），从而容易增加在外就餐食物的供能比。由于饮食文化的不同，中餐馆是中国居民最主要的在外就餐地点（Wenwen Du，2014），经常在中餐馆就餐与能量摄入正相关（杜文雯等，2013）。研究表明（杜文雯，2014），在外就餐食物供能比与成年居民膳食能量和主要营养素摄入量具有区域、性别差异，但总体呈现在外就餐食物供能比与脂肪和蛋白质摄入量正相关，男性超重和中心性肥胖危险随着在外就餐供能比的增加而增加，而这一现象在女性中并不显著。杜文雯（2014）的研究还表明，近年来，城市居民在外就餐食物供能比趋于稳定，而教育、收入水平较高和有饮酒习惯的人们在外就餐食物供能比相对较高；同时，社区环境如室内餐馆数量等与城市男性居民在外就餐供能比呈正相关关系。相关分析表明，居民的热量、蛋白质和脂肪摄入量与在外就餐支出的相关系数分别达到了0.963、0.973和0.986，为显著的正相关关系，说明随着中国城镇居民在外就餐支出的增加，居民的热量、蛋白质和脂肪摄入量也呈增加趋势。

第五节　小　结

自古以来，中国居民就探索出了具有中华民族特色的饮食习惯，逐步形成了以植物性食物为主、动物性食物为辅的膳食模式，其中谷类、薯类和蔬菜的

摄入量较高，肉类的摄入量相对较低，豆制品总量不高且随地区而不同，奶类消费在大多地区仍处于较低水平。这种膳食结构具有高碳水化合物、高膳食纤维、地动物脂肪3个方面的特点。但近年来，随着中国城镇化、农业现代化战略的加快推进，城镇居民的膳食营养已经发生了明显变化，膳食质量明显提高、主要营养素来源结构更趋合理，收入水平和在外就餐等对居民膳食营养的影响更加明显。从食物摄入量看，小麦、稻米、蔬菜等植物性食物仍是中国城乡居民主要摄入食物种类，但呈减少趋势，尤其是谷类食物消费偏低；同时，肉、禽、蛋等动物性食物摄入量占比相对较小但增加趋势明显，畜肉类及油脂消费过多，2002年每人每日油脂消费量达到44g，比1992年增加了7g。从主要营养素的摄入量看，中国城镇居民的能量、蛋白质和脂肪摄入量基本满足需要，优质蛋白比例上升，脂肪摄入量处于较高水平，且明显高于全国平均水平。从主要营养素的来源看，中国特有的传统膳食模式决定了植物性食物仍是城镇居民热量、蛋白质和脂肪摄入量的主要来源，且植物性食物来源的比例仍高于世界的平均值（马凤楼，1999）；但脂肪供能比达到35%，超过世界卫生组织推荐得30%的上限；谷类食物供能比仅为48.6%，明显低于55%~65%的合理范围。

数据显示，当前中国城镇居民膳食结构已经向“富裕型”加速转变，即以植物性食物为主的膳食模式正转向以动植物食物并重且向动物性食物倾斜型的膳食模式。这可能是由于收入快速增长、食物加工技术不断发展、餐饮业快速发展及在外就餐等消费环境和消费行为加快转变的原因。这一膳食营养模式的转变，可能对中国城镇居民的营养健康产生重大影响。有研究表明，中国城市居民的疾病模式由以急性传染病和寄生虫病居首位转化为以肿瘤和心脑血管疾病为主，膳食结构变化是影响疾病谱的因素之一；谷类食物的消费量与癌症和心脑血管疾病死亡率之间呈明显的负相关，而动物性食物和油脂的消费量与这些疾病的死亡率呈明显的正相关关系。这些都表明中国以植物性食物为主的膳食模式对居民营养健康有着重要正向作用。因此，要充分认识中国城镇居民膳食结构和营养变迁的特征，加强公共营养宣传引导，促进合理消费和平衡膳食，尤其要调整各种食物的膳食比例，继承发扬传统饮食文化，适当增加谷类等植物性食物摄入，减少脂肪摄入，促进营养素摄入与需求更加均衡匹配，进而有效预防或减少与营养相关的非传染性慢性病的发生。

第六章　典型发达国家居民食物消费与营养变迁特征分析

研究表明，居民的民族、国别差异、经济社会发展情况等都可能对本国居民食物消费和营养状况产生影响。美国是全球第一大经济体，也是全世界公认的最发达国家之一，人均国内生产总值已达5.2万美元，其居民食物消费是西方国家的典型代表之一。日本在第二次世界大战后经济社会快速发展，实现了从经济起飞到富裕国家的转变，目前人均国内生产总值已达4.7万美元，位于全球发达国家之列；同时，日本隶属于亚洲，是东亚尤其是东北亚地区的重要国家之一，居民的食物消费是亚洲植物性食物消费模式的典型代表国家之一，也与中国的传统饮食有着千丝万缕的联系，其居民营养健康状况相比其他亚洲国家较好，是世界公认的营养健康水平较高和平均寿命最长的国家之一。

从社会经济发展的阶段看，无论是美国还是日本都经历了居民收入快速增长，而后逐步买入富裕国家行列的；而这期间，特别是人均GDP处于5 000~10 000美元的关键转型期中，居民食物消费和营养状况变化又具有各自的特点。因此，了解和把握美国和日本居民的食物消费与膳食营养变迁特点及发展趋势，对于中国居民食物与营养的发展趋势和相关政策制定具重要借鉴意义。本章对美国和日本居民的食物消费和营养状况的变迁特点及其演变规律进行了分析，以期为中国相关政策制定提供借鉴和参考。

第一节　美国居民食物消费和营养变迁特征分析

近60年来，美国经济社会快速发展，经济总量高居世界第一，人均GDP也远远高于世界绝大多数国家，特别是像中国等发展中国家。世界银行的数据显示（图6-1），从20世纪60年代开始，美国的GDP总量持续稳定增长，1970年达到1.08万亿美元，比1961年翻了一番，年均增速高达7.98%；从

70 年代初开始，美国 GDP 快速增长，在之后的近 40 年里几乎呈直线上升态势，1971—2008 年年均增速仍保持在 7%左右，虽然进入 21 世纪后平均增速下降至 4.6%，但仍呈上升态势，2008 年 GDP 总量达到 14.72 万亿美元，同比仅增 1.7%，这主要是受次贷危机引发的金融危机影响的缘故。受全球金融危机影响，2009 年美国 GDP 总量有所回落，下降 2.0%，之后缓慢恢复并稳定上升，2017 年全国 GDP 总量增至 13.39 万亿美元，比 2009 年大幅增 34.48%。与 GDP 总量变化情况相比，美国人均 GDP 与 GDP 变化情况基本一致。早在 20 世纪 60 年代初期，美国人均 GDP 就就达到了 3 000 美元，1962 年为 3 107.9 美元，同比增 5.9%；之后快速增长，并用 16 年时间实现了突破 10 000 美元大关，1978 年为 10 587.4 美元；随着经济的发展，美国人均 GDP 也快速增长，随受 2000 年美国经济形势和全球经济形势影响，人均 GDP 增速和总量有所回落，但总体仍保持较高的水平，2017 年全国人均 GDP 高达 5.95 万美元，比上世纪 70 年代末期增加了近 5 万美元。人均 GDP 的快速增长，为提高人民生活水平和食物消费水平奠定了坚实的经济基础。

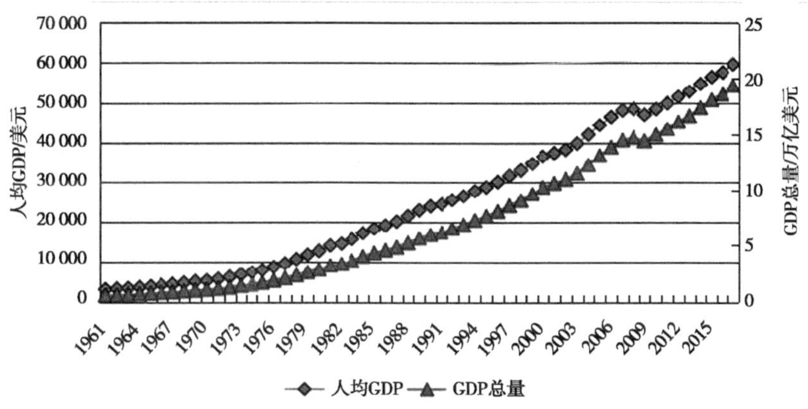

图 6-1　美国历年 GDP 和年人均 GDP 趋势（1961—2017 年）

数据来源：世界银行数据库

本节利用美国国家统计局消费者支出调查（Consumer Expenditure Survey, CE）和美国农业部的食物消费（Food Consumption）数据，以及联合国粮农组织（FAO）食物平衡表（Food Balance Sheet）数据对美国居民的食物消费和营养状况进行了分析。

一、食物消费支出

（1）**食物消费支出快速增加，恩格尔系数明显下降。**从图 6-2 可知，美国居民年人均消费性支出从 20 世纪 60 年代初期开始持续增加，70 年代初，年人均消费量超过 8 000 美元；1973—2008 年的 30 多年时间里，美国居民年人均消费性支出几乎呈直线增长态势，2008 年达到年人均 2.02 万美元，之后受金融危机影响，连续 2 年下降，2010 年降至 1.92 万美元；2011 年开始，人均消费性支出又有所回升，2017 年达 2.40 万美元。与此同时，恩格尔系数也实现了快速下降。1961 年，美国的恩格尔系数为 24.5%，1973 年下降至 19.3%，下降了 5.2 个百分点；20 世纪 80 年代，美国居民的恩格尔系数随着经济社会发展继续下降至 15.0%；之后，美国居民的恩格尔系数继续呈小幅下降态势，并于 2005 年降至 13%以下，为 12.8%；近年来，美国居民的恩格尔系数在 13%左右的较低水平略有波动。美国居民年人均消费支出的不断增加和恩格尔系数的整体下降，说明随着美国居民收入水平的增加、生活水平不断提高，食物消费在其整个消费中的比重不断下降。

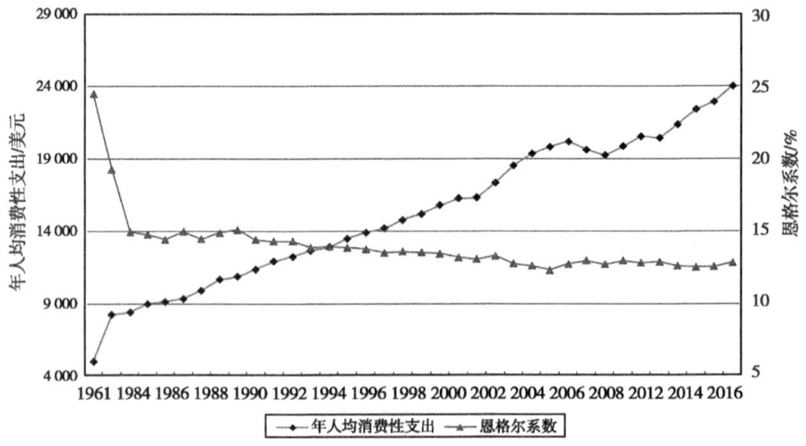

图 6-2　美国年人均消费性支出与恩格尔系数变化趋势（1961—2017 年）

数据来源：美国国家统计局

（2）**动物性食物消费支出占比较大，植物性食物消费支出稳步增长。**从图 6-3可知，在 20 世纪 70 年代美国居民年人均用于动物性食物和植物性食物的支出均较多，其中 1973 年分别为 599.3 美元和 306.4 美元，分别占食物消费总支出的 51.9%和 26.5%。可见在这一时期，美国居民食物消费总支出的一半以上用于动物性食物消费支出。随着美国经济社会发展，居民食物消费支出在20世纪80年代有所减少，动植物性食物消费支出的绝对金额也相应减少，以1984年为例，当年美国居民的动物性和植物性食物消费支出分别322.7美元和221.2美元，比1973年分别减少46.2%和27.8%；但它们在食物消费总支出中的比重分别为42.6%和29.2%，即动物性食物消费支出占比有所减少，而植物性食物消费支出占比有所增加。在之后的30年里，虽然动物性食物在美国居民的食物消费总支出仍占较大比重，但呈波动下降趋势：2009年动物性食物消费支出约498.8美元，占食物消费总支出的33.2%，分别比2000年增加了11.3%和下降了6.9个百分点；近年来，动物性食物消费支出稳中略增，在食物消费总支出中的比重基本稳定在32%以上，2017年为557.2美元，占比为31.9%，同比分别上升7.1和下降0.6个百分点。与此同时，植物性食物消费支出量稳定增长，但占食物消费总支出中的比重基本在30%以上，2017年动物性消费支出为560.4美元，占食物消费支出的比重为32.1%，同比分别增7.2%和下降1个百分点，分别比2000年多43.8%和低0.4个百分点。

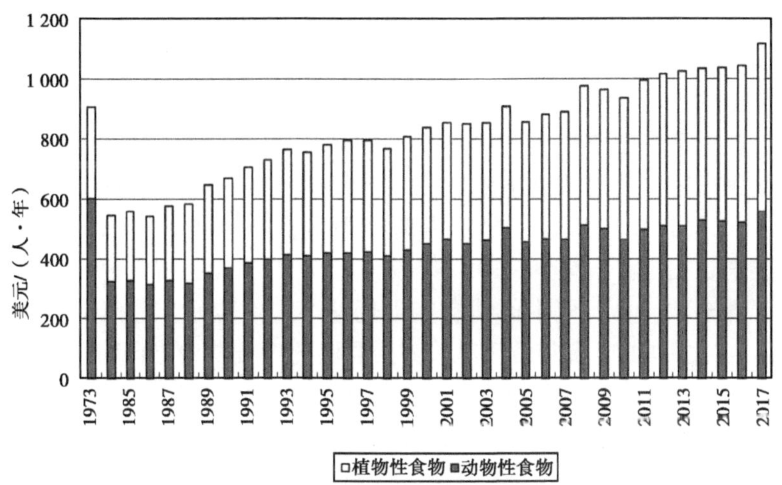

图6-3　美国年人均食物消费支出变化趋势（1973—2017年）

数据来源：美国国家统计局

（3）**谷物类食物支出稳中有增，果蔬类食物消费支出占比持续稳定增加。**在美国居民的食物消费支出中，谷类食物也占有重要地位（图6-4）。数据显示，在20世纪70年代初期（1973年），美国居民的年人均谷类消费支出为

138.14 美元，占在家食物消费总支出的 14.2%。随着经济社会和农业的发展，居民谷类食物消费支出在 20 世纪 80 年代有所减少，1984 年减至年人均 100.77 美元，但占比却增至 17.0%；之后，谷类消费支出继续稳定增长，占比也小幅增长，2017 年消费支出增至 225.6 美元，占比为 18.4%。与其他植物性食物相比，果蔬类食物的消费支出在美国居民的在家食物消费支出中占有更为重要的地位和作用。1973 年，美国居民年均果蔬类食物消费支出达 168.28 美元，占在家食物消费支出的比重为 17.3%，分别比谷物类食物多 21.8%和高 3.1 个百分点。20 世纪 80 年代，虽然果蔬类消费支出也有所减少，但 1984 年的消费支出仍达到 120.38 美元，占比增至 20.3%；之后果蔬类食物消费支出继续稳步增加，占在家食物消费支出的比重也稳定增加，2013 年分别增至 303.44 美元和 26.8%，显著高于谷物等其他植物性食物消费支出。

（4）**奶类消费支稳定增长，肉类消费支出占比较大。**作为西方食物消费典型代表，奶类、肉类等动物性食物消费在美国居民的食物消费支出中占有重要的地位和作用。其中，奶类消费支出稳定增长。1973 年美国居民年人均奶类消费支出为 159.39 美元，占居民在家食物消费支出的 16.4%；虽然这一消费支出在 1984 年减至 97.31 美元，但占比仍为 16.4%。在之后的近 30 年时间里，美国居民的奶类消费支出稳定增长，2017 年增至 180 美元，但占在家食物消费支出的比重有所下降，降至 14.7%。就肉类消费而言，牛肉、猪肉是美国居民肉类消费主要肉类。1973 年美国居民年均肉类消费支出约 379.8 美元，占居民在家食物消费支出的 39.1%，其中牛肉和猪肉消费支出分别高达 179.11 美元和 101.87 美元，分别占肉类消费支出的 47.16%和 26.82%；随后，肉类消费支出有所减少，1984 年减至 186.15 美元，占在家食物消费支出的比重下降至 31.3%，但牛肉消费支出仍达 76.54 美元，占肉类消费支出的 41.12%。在之后的 20 多年时间里，美国居民的肉类消费支出稳步增加，2004 年增至 284 美元，占在家食物消费支出的比重继续减少至 28.5%。近 10 年来，美国居民的肉类消费支出又有所减少，2017 年为 299.2 美元，占在家食物消费支出的比重减至 24.4%，下降了 4.1 个百分点；但牛肉仍是美国居民肉类消费支出的主要食物，2017 年牛肉消费支出为 101.2 美元，占肉类消费支出的 3 成以上（33.07%）。美国居民的水产品和蛋类消费支出和占居民在家食物消费支出相对较少，在食物消费支出中的比重相对较低，但整体呈波动增长态势。2017 年美国居民水产品和蛋类消费支出分别为 56 美元和 22 美元，分别占居民在家食物消费支出的 4.6%和 1.8%。

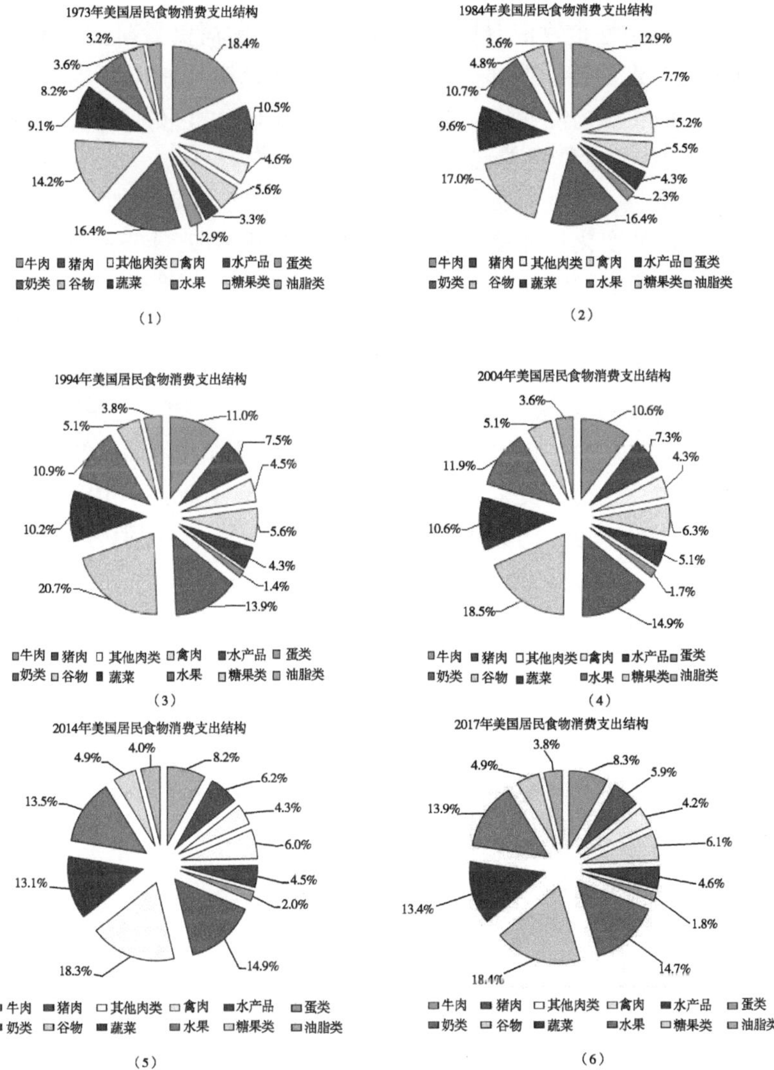

图 6-4　美国居民食物消费支出结构比例（1-6）

数据来源：美国国家统计局

二、食物消费量

(1) 居民植物性食物消费量增加与动物性食物消费量减少同时存在，二者的“喇叭口”走势特征明显。在 20 世纪 70 年代初（1970 年），美国居民年人均植物性食物和动物性食物消费量分别为 710.6 磅和 560.3 磅，二者相差约 150.3 磅，即植物性食物消费比动物性食物消费多 21.14%（图 6-5）。随着美国经济社会发展，居民生活质量不断提高、健康要求日趋增加，居民的食物消费结构也在不断的变化，即植物性食物消费量不断增加，同时动物性食物消费量稳中趋减，二者之间的“喇叭口”走势特征明显。到 2000 年，美国居民年人均植物性食物消费量和动物性食物消费量分别为 912.0 磅和 514.9 磅，分别比 1970 年增长 28.34%和减少 8.1%，二者间的差距扩大至 397.0 磅，比 1970 年扩大 2.64 倍。近十年来，虽然美国居民的植物性食物消费量有所减少，但基本稳定在 810 磅左右，而动物性食物消费量继续稳中有降。2016 年，美国居民年人均植物性食物消费量为 812.8 磅，比 2000 年减少了 10.88%；动物性食物消费量为 478.4 磅，比 2000 年减少 7.09%；动植物性消费量的差距缩小至 334.3 磅。

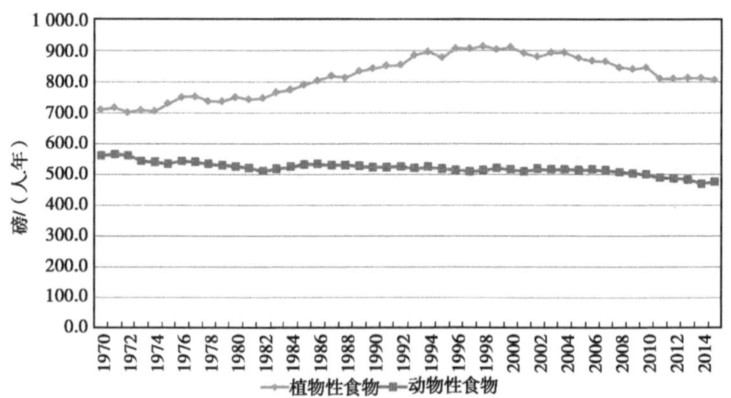

图 6-5 美国居民食物消费变化趋势情况（1970—2016 年）

数据来源：美国农业部

(2) 谷物类食物消费量缓慢增长后趋于稳定，果蔬类消费量先增后减后趋稳。从图 6-6 可知，美国居民的植物性食物消费量中，谷物类食物消费量占有重要地位。从 20 世纪 70 年代以来，美国居民的谷物类食物消费量呈现缓慢增长态势，进入 21 世纪以来，谷物类食物消费量基本稳定。具体来看，美国居民的谷物消费量从 1970 年的年人均 94. 8 增至 2000 年的 137. 7 磅，增长了 45. 25%，年均增速为 1. 51%；近六年来，谷物消费量基本稳定在 120 磅左右，2016 年为 120. 4 磅，比 2000 年减少了 12. 56%。与谷物类相比，果蔬类食物在美国居民植物性食物消费中占比较大。1970 年，美国居民年人均果蔬类食物消费 255. 7 磅，占植物性食物消费量的 72. 96%；随后，果蔬类消费量呈稳步增加态势，2000 年增至 321. 6 磅，占植物性食物消费量略降至 70. 02%，分别比 1970 年下降了 0. 01%和 2. 93 个百分点。近十年来，美国居民的果蔬消费量呈稳中有降后趋稳的态势；近六年来，基本稳定在 280. 0 磅左右，2016 年消费量约为 281. 3 磅，占植物性食物消费量的 70. 02%，分别比 2000 年减少 1. 06%和升 0. 96 个百分点。

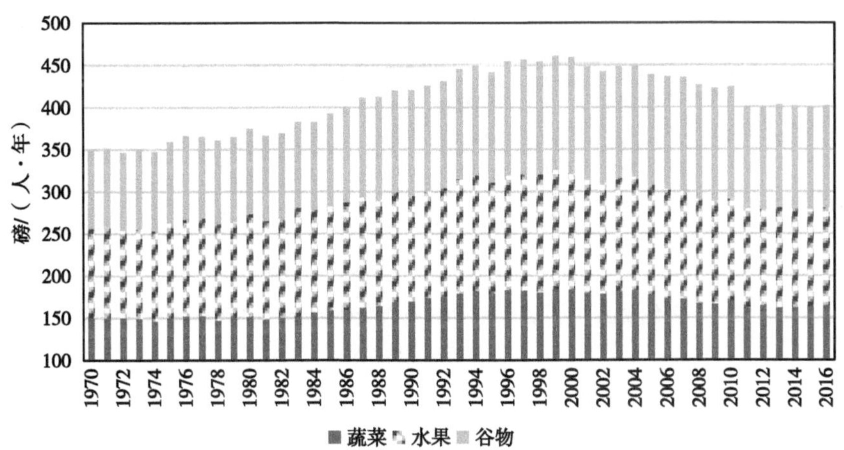

图 6-6　美国居民主要植物性食物消费变化趋势（1970—2016 年）

数据来源：美国农业部

（3）**不同动物性食物消费量变化趋势有所差异，红肉消费量稳中略减，奶类持续波动减少。**从图 6-7 可知，在动物性食物消费中，不同种类之间的动物性食物消费量变化趋势有所差异。具体来看，肉类特别是红肉（牛羊肉和猪肉）在美国居民食物消费中占有重要地位，但随着人们生活水平的提高，红肉的消费量呈逐年稳中略降的态势：1970 年人均消费量为 96. 8 磅，占动物性食物消费量的 31. 65%，2016 年减至 72. 8 磅，占动物性食物消费量略增至 36. 99%。与之相对应，禽肉消费量呈稳步增长态势，年人均消费量从 1970 年的 26. 4 磅增至 2016 年 59. 8 磅，增 2. 3 倍；从占比看，禽肉类消费量占动物性食物消费量的比重从 1970 年的 8. 63%增至 2016 年的 30. 39%。水产品和蛋类消费量相对稳定，2016 年分别为 9. 0 磅和 21. 6 磅，分别占动物性食物消费量的 4. 57%和 10. 98%。值得注意的是，奶类消费量呈波动下降态势：1970 年年人均消费量高达 150. 3 磅，之后波动下降，2016 年减至 33. 7 磅，年均递减 1. 7%，占动物性食物消费量的比重从 1970 年的 49. 1%减至 2016 年的 17. 1%，减少了 32 个百分点。

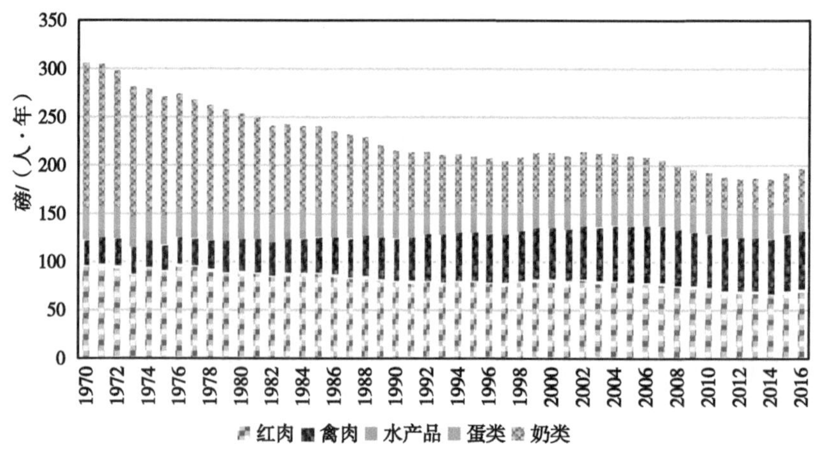

6-7 美国居民主要动物性食物消费变化趋势（1970—2016 年）

数据来源：美国农业部

三、食物消费行为

在外消费是美国居民的重要的食物消费行为之一。与在家消费相比，在外食物消费在美国居民食物消费支出的占比相对较小，但随着经济社会发展和居民收入水平提高，居民在外消费的频率不断增加，消费支出稳定增长，在食物消费总支出中的比重逐步提高并趋于稳定。从绝对量上看，美国居民的在外食物消费支出呈现明显的波动增长态势。20 世纪 60 年代，美国居民的在外食物消费支出相对较少，1961 年年均支出金额仅为 246 美元；随着经济的快速发展，特别是 20 世纪 70—80 年代，美国居民在外食物消费支出快速增加，到 1990 年在外食物消费支出增至年均 696. 54 美元，达到第一个峰值，之后有所减少，1991 年减至 623. 08 美元，下降了 11. 79%。自 20 世纪 90 年代初开始，美国居民的在外食物消费支出稳步增长，2008 年增至 1 079. 2 美元，达到历史最高水平，之后虽有所波动，但基本稳定在 1 000 美元以上，2017 年为 1 346 美元，同比增长 6.69%。从相对量上看，美国居民的在外食物消费支出占食物总支出的比重先增加后趋于稳定。从图 6-8 中可知，在 20 世纪 60—70 年代，美国居民在外食物消费支出占食物消费总支出的比重相对较低，如 1961 年仅为 19.92%，之后有所增加，1973 年增至 26.46%；20 世纪 70 年代后期开始快速增加，1984 年增至 40.12%，比 1973 年增长了 13.66 个百分点。近 30 年来，美国居民的在外食物消费占食物消费总支出的比重虽有波动，且一度上升至 44.41%（2005 年），但总体在 40%左右的水平波动，2017 年为 43.54%，同比略低 0.6 个百分点，比 2005 年低了 2.0 个百分点。

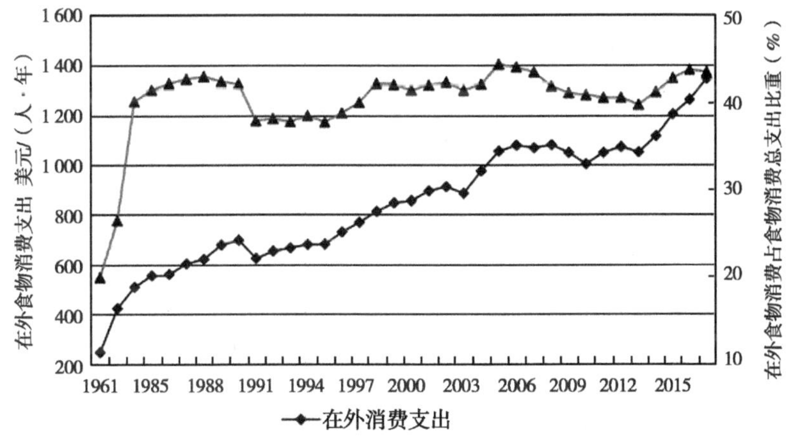

图 6-8　美国年人均在家和在外食物消费支出变化趋势（1973—2017 年）

数据来源：美国国家统计局

四、居民营养变迁特征

（1）**主要营养素摄入量波动增长后，近年来呈稳中略减态势。**从图 6-9 可知，美国居民主要营养素摄入量随着居民收入水平的提高而呈波动增长态势，但近年来均有不同程度减少。其中，热量摄入量从 1961 年的年均日 2 880 kcal 增至 2005 年的 3 833kcal，增长了 33.09%，年均增速约 0.65%，之后热量摄入量波动减少，2009 年减至 3 652kcal，比 2005 年减少了 4.72%，近年来基本稳定在 3 650 左右，2013 年为 3 682kcal，同比略减 0.55%。从脂肪摄入量变化看，美国居民的脂肪摄入量在近 50 年里波动增长，从 1961 年的年人均日 110.2g 增至 2005 年的 165.4g，增 50.09%，年均增速 0.93%；之后虽有波动，但整体保持在 160g 左右，2013 年为 161.37g，同比略减 0.4%，比 2005 年减少了 2.44%。与热量和脂肪摄入量相比，美国居民的蛋白质摄入量增长相对缓慢，但从长期变化情况看，蛋白质摄入量呈缓慢增长态势。在 20 世纪 60 年代到 70 年代初期，美国居民蛋白质摄入量基本上稳定在 97g，1976 年增至 101.1g，同比增 4.53%；之后的 30 年时间里，蛋白质摄入量"小步慢涨"，2007 年增至 115.4g，比 1976 年增约 14.14%，年均增长率为 0.43%。近年来，美国居民的蛋白质摄入量稳中略降，2013 年减至 109.42g，同比略减 0.12%，比 2007 年减少 5.18%。

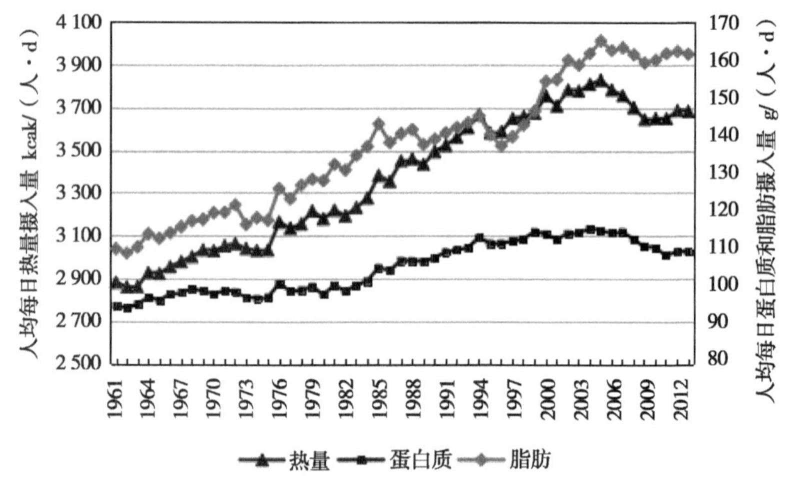

图 6-9　美国居民主要营养素摄入量变化趋势（1961—2013 年）

数据来源：联合国粮农组织（FAO）食物供需平衡表

（2）植物性食物是美国居民热量的主要来源，动物性食物来源占比下降后趋于稳定。从图 6-10 可知，植物性食物是美国居民热量的重要来源，在经历稳定增加后趋于稳定；动物性食物来源的热量摄入量虽也波动增长，但占热量来源的比重有所下降。从绝对量上看，美国居民来源于植物性食物的热量摄入量从 1961 年的 1 870kcal 增至 2005 年的 2 778kcal，增长了 48.56%，年均增长率为 0.9%，同期来源于动物性食物的热量摄入量从 1961 年的 1 010kcal 增至 1 055kcal，仅增长了 4.46%；近年来，无论是植物性食物来源还是动物性食物来源的热量摄入量均呈减少态势，2013 年分别减至 2 698kcal 和 984kcal，分别比 2005 年少 2. 88%和 6. 73%。从相对量上看，植物性食物来源的热量摄入量占热量总摄入量的比重在 20 世纪 60—80 年代缓慢增长，从 1961 年的 64. 93%增至 1997 年的 73. 16%，近 40 年时间里提高了 8. 23 个百分点；之后，植物性食物来源的热量摄入量占比有所减少，但基本稳定在 72%以上，2013 年为 73. 28%，比上年略升 0. 02 个百分点。与此同时，动物性食物来源的热量摄入量占热量总摄入量的比重稳步下降后趋于稳定，近年来基本上稳定在 27%左右。

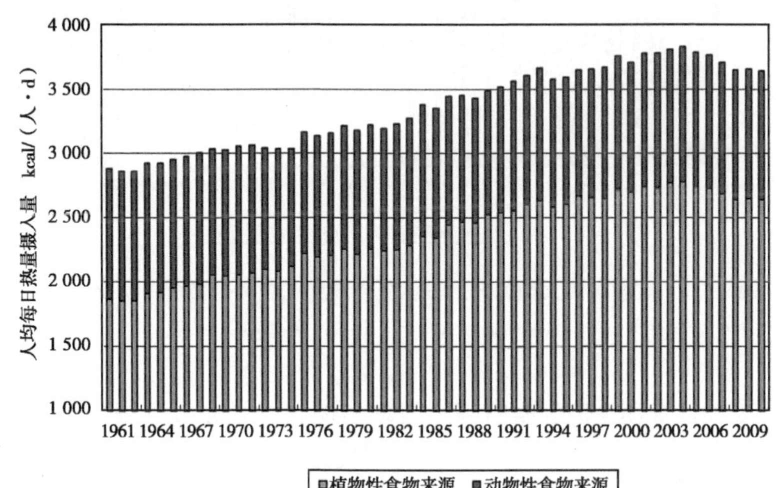

图 6-10　美国居民人均每日热量摄入量变化趋势（1961—2013 年）

数据来源：联合国粮农组织（FAO）食物供需平衡表

（3）**动物性食物是蛋白质摄入的主要来源，植物性食物来源蛋白质摄入量基本稳定。**从图 6-11 可知，动物性食物是美国居民蛋白质摄入的主要来源，并呈小幅波动增长态势。从变化趋势上看，来源于动物性食物的蛋白质从 1961 年的 63g 增至 2005 年的 74. 9g，占蛋白质摄入总量的比重从 66. 18%减至 64. 9%，下降了约 1. 28 个百分点；近年来，来源于动物性食物的蛋白质摄入量虽有所减少，2013 年减至 69. 77g，同比增 0. 01%，比 2005 年减少 6. 85%，占蛋白质摄入总量的比重降至 63. 76%，比 2005 年略降 1. 14 个百分点。与此同时，来源于植物性食物的蛋白质摄入量从 1961 年的 32. 2g 增至 1997 年的 41. 8g，增长了 29. 81%，占蛋白质摄入总量的比重从 33. 82%增至 37. 22%；之后，来源于植物性食物的蛋白质摄入量呈稳中略降态势，2013 年减至 39.65g，比 1997 年减少 5.14%，占比减至 36.24%，减少 0.99 个百分点。

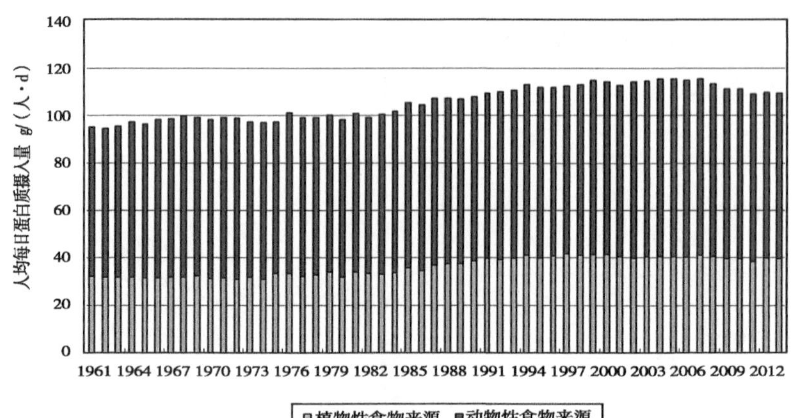

图 6-11　美国居民人均每日蛋白质摄入量变化趋势（1961—2013 年）

数据来源：联合国粮农组织（FAO）食物供需平衡表

（4）**植物性食物来源的脂肪摄入量增长明显，动物性食物来源占比减少后保持相对稳定。**从图 6-12 可知，美国居民来源于植物性食物的脂肪摄入量呈明显的增长态势，但近年来保持相对稳定。具体来看，1961 年美国居民脂肪摄入量中植物性食物提供了 40.8g，约占总摄入量的 37.02%；在之后的 40 多年里，来源于植物性食物的脂肪摄入量稳步增长，2005 年增至 92.9g，比 1961 年增长了 1.28 倍，占总量的比重增至 56.17%，提高了 19.15 个百分点。近年来，来源于植物性食物的脂肪摄入量虽有波动，但整体稳定在 92g 左右，2013 年为 93.68g，比 2005 年增长了 0.78g，占总量的比重增至 58.05%，提高了 1.89 个百分点。与之相对应的是，自 20 世纪 60 年代以来的 50 多年时间里，来源于动物性食物的脂肪摄入量虽有，但整体稳定在 66g 左右，2011 年为 68.3g，与 1961 年基本持平；但从占脂肪量摄入量的比重看，来源于动物性食物的脂肪摄入量占比从 1961 年的 62.98%减少至 2008 年的 42.74%，年均减少 0.82 个百分点；近年来，来源于动物性食物的脂肪摄入量占总量的比重保持相对稳定，基本在 43%左右波动，2013 年为 41.95%，同比减 0.35 个百分点，比 2009 年减少 1.76 个百分点。

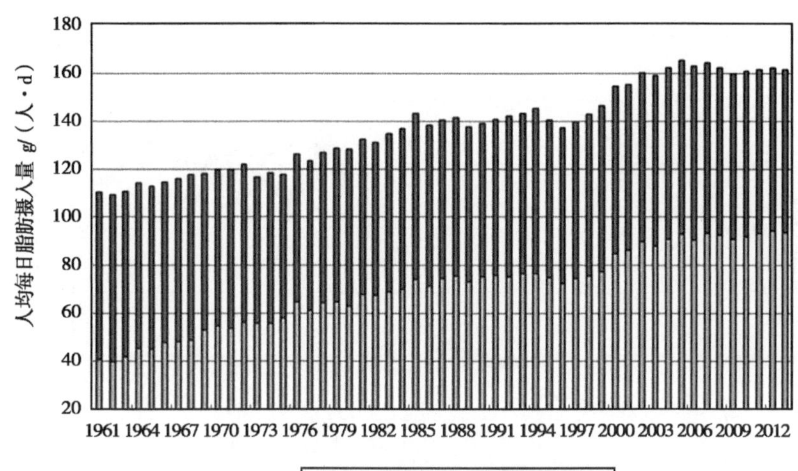

图 6-12　美国居民人均每日脂肪摄入量变化趋势（1961—2013 年）

数据来源：联合国粮农组织（FAO）食物供需平衡表

第二节　日本居民食物消费和营养变迁特征分析

第二次世界大战后，日本加快推进工业化进程，经济社会发展保持了较高的水平。世界银行的数据显示（图 6-13），日本 GDP 总量自 20 世纪 70 年代后期开始快速增长；在 20 世纪最后的几年里，日本的 GDP 总量出现了波动，但从 2009 年起又逐步实现了稳定增长，2012 年 GDP 总量创历史新高为 6.20 万亿美元。与此同时，日本居民年人均 GDP 也随着全国 GDP 总量的变化而变化。值得注意的是，早在 20 世纪 70 年代早期，日本居民人均 GDP 就达到了 3 000 美元，1973 年为 4 320.8 美元，并于 80 年代初实现了人均 GDP 过万，1981 年为 12 189.9 美元，这期间仅仅用了 9 年的时间；1982—2012 年间人均 GDP 虽有波动，但总体呈增长态势，直到 2012 年的历史最高水平为 48 603.5 美元，之后急速下降，2015 年人均 GDP 为 43 949.8 美元。

一、食物消费支出

（1）人均年消费支出快增后趋稳又微增，恩格尔系数快降后趋稳又微升。随着日本经济社会发展和居民收入水平的不断提高，近 50 年来日本居民消费

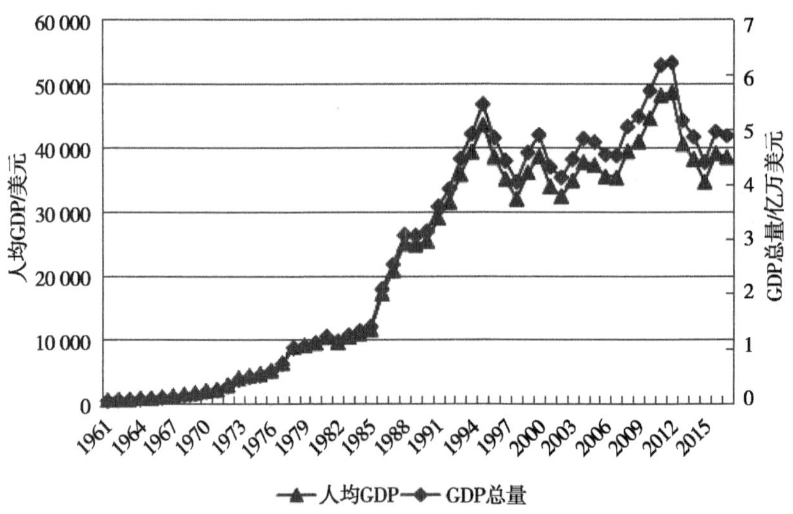

图 6-13　日本历年 GDP 和年人均 GDP（1961—2017 年）

数据来源：世界银行数据库

支出总体上经历了快速增长后保持基本稳定，近 4 年来又略有上升（图 6-14）。20 世纪 60 年代开始，日本居民的消费性支出快速增加，并在 1997 年达前 20 世纪以来最高水平，为 119. 8 万日元；进入 21 世纪后年人均消费支出又在 113 万日元左右的水平波动微降，其中，2013 年年人均消费支出为 114. 3 万日元，与 1993 年基本持平，之后又以较快的速度微升，2014 年达 125. 2 万日元，首次超过 120 万日元，同比明显增 9. 57%，近年来则趋稳维持在 124. 6 的平均水平。从食物消费支出看，近 50 年来日本居民食物消费支出与其消费总支出的走势大体一致，即总体上经历了快速增长后于近十年来趋向稳定。1963 年开始到 20 世纪 90 年代初期，日本居民食物消费快速增加，年人均支出从 1963 年的 4. 55 万日元增值 1993 年的 30. 62 万日元，增加约 5. 7 倍，年均增速为 6. 56%。之后的几年间，日本居民食物消费支出虽有波动，但整体保持在年人均 30 万日元左右。进入 21 世纪后，日本居民食物消费支出随略有减少，但总体稳定在 28 万日元以上；2014 年，居民食物消费支出大幅增加，达 32. 9 万日元，同比增 11. 99%，之后基本稳定在这一水平，2017 年达 34. 8 万日元，同比增 18. 56%。

（2）**植物性食物消费支出占比较大，动物性食物消费支出快速增加后趋于稳定。**从大类来看，植物性食物和动物性食物支出也在日本居民食物消费支

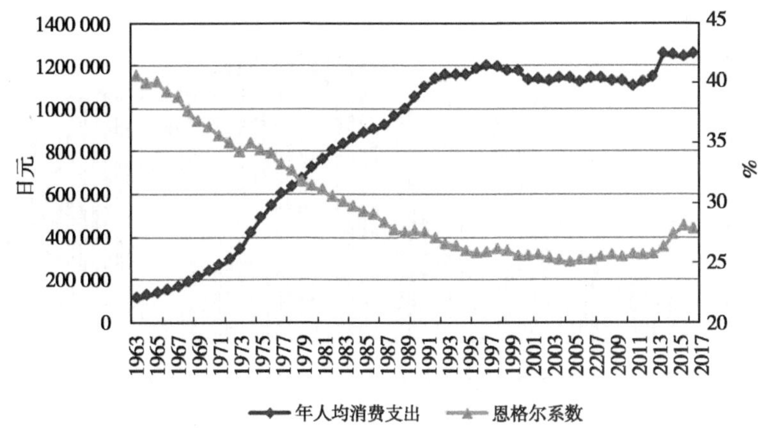

图 6-14　日本 2 人及以上住户居民年均消费支出和恩格尔系数（1963—2017 年）

注：数据来源于日本国家劳动统计局，不含农林牧渔业住户

出中占有重要地位。特别是在 20 世纪 60 年代到 70 年代初期，植物性食物在食物消费总支出中的比重相对较大，但从 20 世纪 70 年代中后期开始，日本居民动物性食物消费性支出快速增加，在食物消费支出中的比重超过了植物性食物（图 6-15）。具体来看，1963 年日本居民植物性食物和动物性食物的年人均消费支出分别为 1.65 万日元和 1.23 万日元，占食物消费总支出的比重分别为 36.26%和 27.03%，到 1971 年二者分别达到 2.77 万日元和 2.83 万日元，占比分别为 10.45%和 10.68%。动物性食物消费支出无论是在绝对量还是在占食物消费总支出的比重上，均超过了植物性食物的消费支出，这可能是由于人们收入的不断提高消费需求开始转型的缘故。在此后的近 30 年时间里，日本居民的植物性和动物性食物消费支出总体均呈增长态势，特别是 20 世纪 80 年代到 90 年代初期，1993 年日本居民植物性食物消费支出达到历史最高的年人均 7.22 万日元，而动物性食物消费支出于 1991 年达到历史最高水平的 8.13 万日元。90 年代末期至今，日本居民的动植物性食物和植物性食物消费支出总体呈现扁“U”走势，两者分别在 12 万~14 万日元和 6 万~8 万日元间先减后增，近 3 年趋于稳定，2017 年日本居民用于这两大类食物的消费支出分别为 7.2 万日元和 6.6 万日元。

（3）**谷物类消费支出比重减少，果蔬消费支出明显增加。**在植物性食物消费支出中，受消费习惯影响，大米等谷物类食物占有重要的地位，但蔬菜和水果支出占比稳步增加，这可能与居民收入水平提高，需求的健康意识增加有

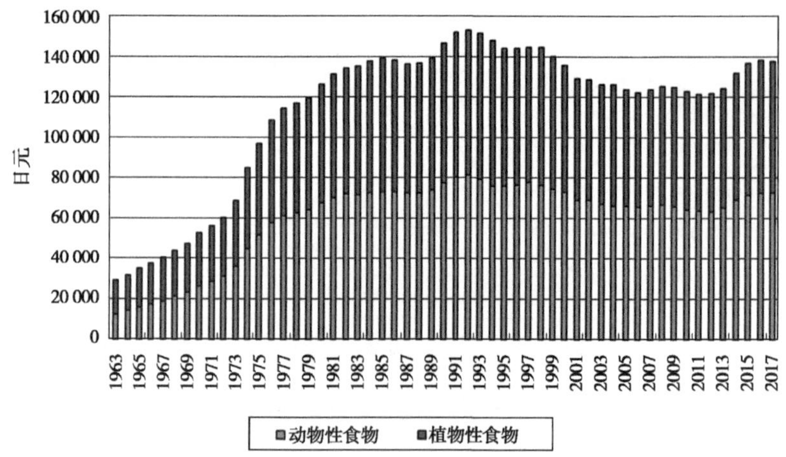

图 6-15　日本 2 人及以上住户居民年均消费支出（1963—2017 年）

注：数据来源于日本国家劳动统计局，不含农林牧渔业住户

关。具体来看，谷物类食物支出从 1963 年的年人均 1.07 万日元增至 1993 年的 3.43 万日元，但占比从 64.8%减至 47.5%；之后谷物类食物消费支出呈逐渐减少态势，近年来保持基本稳定，2013 年 2.56 万元，占比则持续下降至 43.1%。蔬菜消费支出从 1963 年的年人均 3 360.9 日元增至 1993 年的 2.4 万日元，占植物性食物消费支出的比重从 20.4%增至 33.0%；之后消费支出稳中略减，但占比不断提高，2013 年消费支出为 2.2 万日元，占比约为 36.6%，比 1993 年提高了 3.6 个百分点。水果类消费支出从 1963 年的 2 443.0 日元增至 1992 年的 1.6 万日元，占比从 14.8%增至 19.4%；之后消费支出也有所减少，占植物性食物支出的比重却有所增长，2013 年的消费支出约为 1.2 万日元，占比为 20.2%，分别比 1992 年减少 0.4 万日元和增加 0.8 个百分点。

（4）**水产品消费支出占比较大，肉奶类食物消费支出明显增加。**在动物性食物消费支出中，水产品消费支出占有重要地位，这可能与其特殊的岛国因素有重要联系；同时，肉类消费支出不断增加，这与其消费方式的“西化”有一定的联系。具体来看，日本居民年人均水产品消费支出从 1963 年的 5 292.8 日元增至 1992 年的 4.06 万日元，占动物性食物消费支出的比重从 43.3%增至 50.0%；之后其支出总体呈减少态势，2010 年减至 2.67 万日元，占比则减至 41.6%，分别比 1992 年减少 34.2%和 8.4 个百分点；近年来，日本居民水产品消费支出基本稳定在 2.5 万日元以上，占比约在 40%左右，2013

年年人均消费支出为2.58万日元，占比减至39.6%。肉类消费支出从1963年的3 531.6日元增至1993年的2.67万日元，占动物性食物消费总支出的比重从13.6%增至33.8%，增约20个百分点；之后消费支出虽有波动，但总体均在2.3日元以上，占动物性食物消费支出的比重呈稳步增加趋势，2013年年人均肉类消费支出达2.60万日元，同比增5.3%，占比增至39.9%，同比提高了0.8个百分点。奶类消费支出从20世纪60年代起逐步增加，这一趋势一直保持到2000年，之后消费支出水平基本稳定，近年来基本稳定在年人均1.0万日元左右；但其在动物性食物消费总支出中的比重在经历了20世纪60年代的增加后，逐渐下降，直至20世纪90年代初，这一趋势才有所变化，占比恢复了增加态势，2013年日本居民年人均奶类消费支出为1.07万日元，占动物性消费支出的比例增加至16.4%。此外，蛋类消费支出从1963年后持续增长至1981年的4 132.9日元，增长了约1.4倍；之后其支出水平波动减少态势，2013年减至年人均2 688.5日元；值得关注的是，蛋类消费支出的比重在动物性食物消费支出中的比重呈持续下降态势，这一趋势在20世纪80年代表现尤为突出，之后趋于稳定，虽然近年来有所增加，基本稳定在4%以上的水平，但相对于20世纪60年10%以上的水平有明显的下降，这可能与其消费习惯转变有较大的关系。

二、食物消费量

(1) **植物性食物消费在居民食物消费中占绝对优势。**从传统消费习惯上看，日本居民的食物消费是典型的亚洲以植物性食物为主的消费模式，即植物性食物在食物消费中占主导地位。但随着经济社会发展和人们消费方式的变化，植物性植物消费量减少后趋于稳定，而动物性食物消费量增长后趋于稳定。这一点可以从日本居民年人均食物消费量变化趋势中明显看出（图6-16）。从植物性食物消费变化趋势看，日本居民消费量在20世纪60年代是近50年来的最高水平，1963年年人均消费量约278.5kg，之后消费量不断减少，1986年减至204.8kg，比1963年减少了26.5%；受农产品市场体系改革等影响，日本统计部门从1987年起将标准价格、经济价格和其他粳米合并为粳米进行大米消费量的统计，从这在一定程度上体现在植物性食物消费量的变化上，当年人均消费量为161.6kg，在之后的20多年里，日本居民的植物性食物消费量呈小幅略减态势，2017年减至134.5kg，比1987年减少了16.7%。

从具体类别看，不同种类的植物性食物消费量在不同时期略有差异。谷物类是日本居民最主要的植物性食物之一，在整个居民食物消费中占有重要地

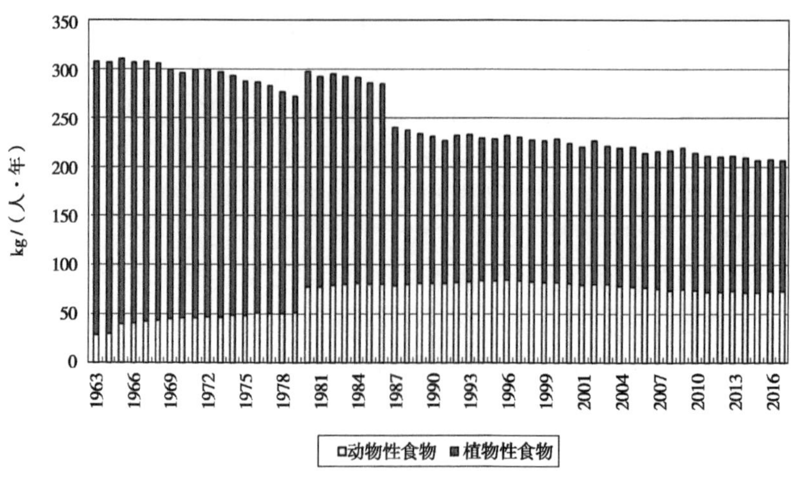

图 6-16　日本居民食物消费结构变化

注：数据来源于日本国家劳动统计局；1980 年以前奶及奶制品统计量为鲜奶量，1987 年起大米的消费量统计口径进行了调整

位，但其消费量在经过上世纪 60 年代开始逐步减少并于近年趋于稳定，如 1965 年的年人均消费量为 177.6kg，占当年居民食物消费总量的 57.3%，1974 年减至 129.6kg，占比减至 44.2%，1987 年减至 113.5kg，占比为 26.0%，1997 年消费量为 55.6kg，占比为 24.2%；进入 21 世纪以来，谷物消费量基本上稳定在 55kg 左右，2017 年为 52.1kg，占当年人均食物消费量的 26.67%。蔬菜消费量在 60 年代到 70 年代中期实现了增长，之后趋于稳定，如 1965 年的年人均消费量为 62.8kg，占食物消费总量的 20.3%，1977 年增至 67.7kg，占食物消费总量的 24.0%；之后蔬菜年均消费量稳中有降，2017 年为 57.3kg，占食物消费总量的 27.7%，同比分别增 0.9%和 0.4 个点。水果类消费量从 1963 年的 23.8kg 增至 1973 年的 54.6kg，占食物消费总量的比例从 7.8%增至 18.4%，之后其消费量呈稳中有减态势，近年来基本稳定在 27kg 以上，2017 年为 25.19kg，同比减了 1.2kg，占食物消费总量的比重为 13.5%，增 1.2 个百分点。

（2）**物性食物消费量呈稳步增长态势**。1963 年，日本居民年人均动物性食物消费量仅为 28.6kg；随着经济的快速发展，日本人动物性食物消费量稳步增长，1979 年增至年人均 50.8kg 的水平，16 年的时间增加了 22.2kg，大幅增长 77.6%，这其中还不包括鲜奶的消费；如考虑奶类消费，增幅可能更大。

1980 年起，日本统计部门将鲜奶纳入统计范围，当年人均动物性食物消费量为 77. 51kg，之后连续 16 年保持增长态势，1996 年年人均消费量达到历史最高水平的 84. 0kg，比 1980 年增加 6. 5kg，增长了 8. 4%。20 世纪 90 年中后期开始，日本居民动物性食物消费量波动下行，2000 年减少至 80. 7kg；进入 21 世纪以来，随着人们消费水平的增加，健康意识不断增强，动物性食物消费量呈逐步减少的态势，并在近年来趋于稳定，2017 年人均年消费量为 72. 2kg，同比略减 0. 6%。

从具体类别看（图 6-17），不同种类动物性食物的消费量在日本居民食物消费中的作用有所差异。其中，水产品是日本居民最重要的动物性食物之一，一直在其食物消费结构中扮演重要角色。从 20 世纪 60 年代起，日本居民水产品年人均消费量基本稳定在 20kg 左右，占食物消费总支出的比重从 6. 5%逐步增至 7. 5%以上；1987 年至今，日本居民水产品消费量总体呈稳步下降态势，近两年来基本稳定在 11kg 以上，2017 年人均消费量约 10. 94kg，比上年减少 0. 85kg，比历史最高水平（1986 年）减少了 10. 81kg，少 49. 7%。而水产品消费量在动物性食物消费总量中的比重从 1963 年的 70. 1%快速下降至 1986 年的 26. 9%；之后，水产品消费量在动物性食物消费中的占比继续稳中有降，2017 年减至 15. 1%。肉类、奶类消费量随着人们收入水平的提高呈稳定增加态势，奶类表现尤为突出，其消费量在 20 世纪 90 年代中后期一度达到人均 36kg 的较高水平，之后又呈缓慢下降趋势，2015 年减至 27. 65kg，比 1996 年峰值大幅减 24. 08%，同比略减 1. 18%；近两年又略有回升，2017 年略增至 28. 32kg，比 2015 年增 2. 42%；肉类消费量占动物性食物消费总量的比重从 1963 年的 22. 6%增至 1979 年的 28. 2%，之后在 19%左右波动，2005 年起占比又增至 20%以上，之后持续稳步上升，2013 年突破 25%，2017 年增至 26. 7%，同比提高 1. 61 个百分点。而奶类消费量占动物性食物消费总量的比重从 1980 年的 34. 1%波动增加至 1994 年的 43. 3%，之后的近十年时间里基本稳定；2005 年，占比开始稳中略降，但近十年来都基本稳定在 39. 0%左右，2017 年为 39. 21%，同比增 0. 02 个百分点，比 2004 年下降了 4. 11 个百分点。蛋类消费量相对稳定，始终在年人均 9~11. 5kg 波动，但也经历了先增后减又回升的变化过程；2004 年降至历史最低点为 9. 69kg，之后又波动回升；2016 年开始又以较大的增速上升，2017 年为 10. 49kg，同比约增 0. 08kg，比 2016 年增 0. 60kg；在动物食物消费中的占比经历 1980 年大幅下调后，从 20 世纪 80 年代起基本稳定在 14%左右，1980 至今的年均变化率为 13. 5%；2017 年为 14. 5%，同比增 0. 21 个百分点。

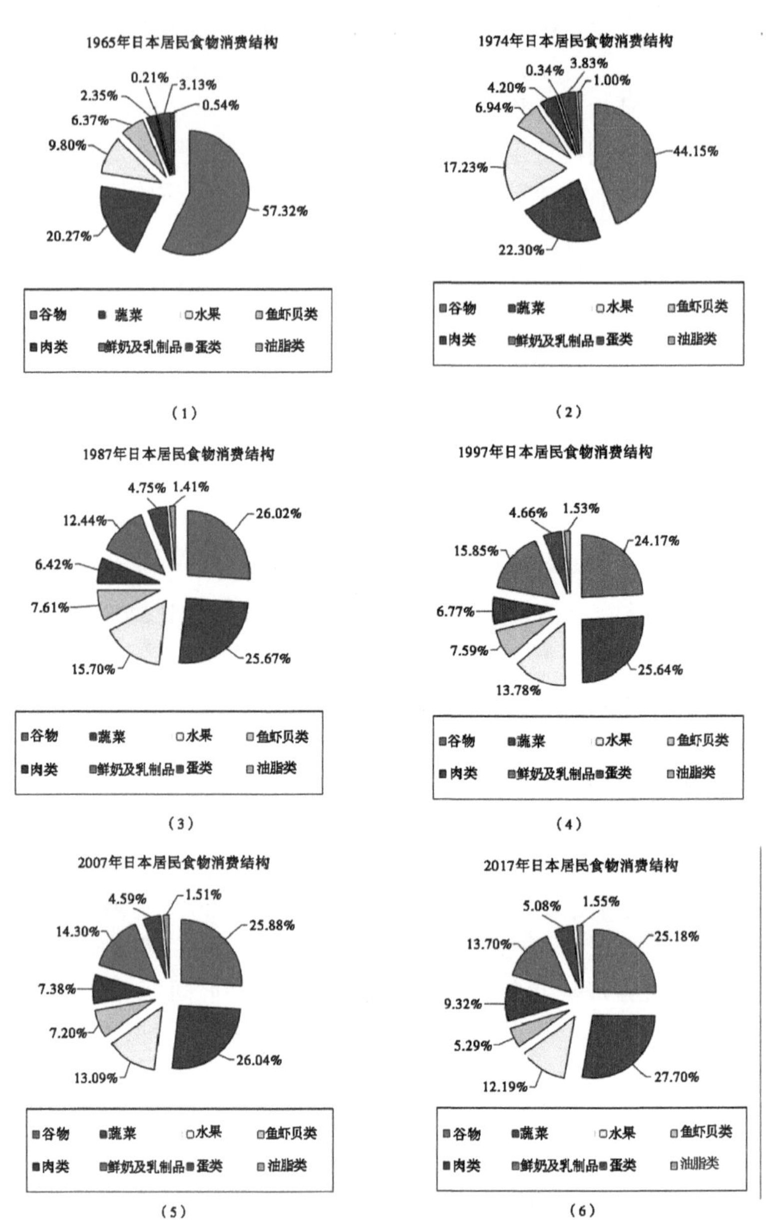

图 6-17　日本居民食物消费结构（1-6）

注：数据来源于日本国家劳动统计局；1965 和 1973 年奶及奶制品统计量为鲜奶量

三、食物消费行为

随着日本经济社会发展和人们生活水平的提高，在外消费逐渐成为日本居民食物消费的重要组成部分，虽然在外食物消费支出不断增加，但在外消费占食物消费总支出的比重增加后趋于稳定（图6-18）。**从绝对量上看，**日本居民在外食物消费支出呈现明显的先增长后稳定走势。自20世纪60年代以来，日本居民在外食物消费支出快速增长，并于90年代中后期达到历史最高水平，在外食物消费支出从1963年的年人均3 195.58日元增至1997年的5.49万日元，增长了16.2倍，年均增速高达8.73%；之后的几年里，日本居民在外食物消费支出有所减少，2001年减至年人均5.06万日元，同比减少6.35%，比1997年减少了7.99%；近十年来，日本居民的在外食物消费支出虽有波动，但整体都处于年均5万日元的较高水平，之后人均在外消费支出又呈现猛增态势，2015年达历史新高的7.11万日元，比2013年大幅增31.18%。**从相对量上看，**日本居民在外食物消费支出占食物消费总支出的比重呈现先增长后稳定

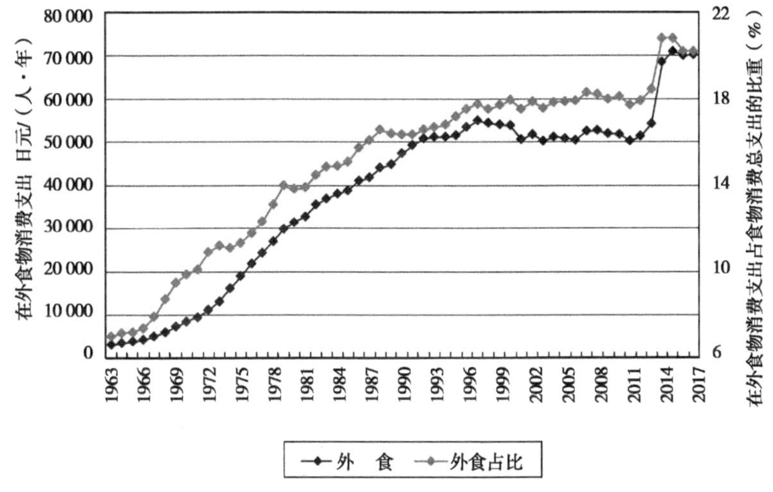

图6-18 日本居民年人均在家和在外食物消费支出（1963—2017年）

数据来源：日本国家劳动统计局

的走势。20世纪60年代初期，日本居民在外食物消费支出占食物消费总支出的比重相对较低，如1963年仅为7.02%；从60年代后期开始，日本居民在外就餐支出占食物消费总支出的比重快速增加，并于1971年超过10%，达到10.11%，比1963年增长了3个百分点。随着日本经济的快速发展，在之后的

30 年里，居民在外就餐支出占食物消费总支出的比重继续稳定增长，2000 年增至 17.94%，比上世纪 60 年代初增长了 10 个百分点；2000—2013 年，日本居民在外食支出占比虽有波动，但整体上稳定在 18%左右，2014 年该比重大幅上升至 20.82%，之后略有下降，但都稳定在 20%以上。

四、居民营养变迁特征

（1）**主要营养素摄入量阶段性特征明显。**随着经济社会的发展和居民生活水平的持续提高，日本居民的主要营养素摄入量呈现明显的阶段性变化。从图 6-19 可知，日本居民热量的摄入水平呈明显的倒“U”形特征。1961—1989 年，日本居民热量摄入量波动增加，从 2 525kcal/（人·日）增加到 2 969kcal/（人·日），增长了 17.6%，年均增速约为 0.6%；自 20 世纪 80 年代末期到 90 年代中后期的近十年时间里，日本居民热量摄入量虽有波动，但均稳定在 2 920kcal/（人·日）以上，1997 年为 2 939kcal/（人·日），同比减少 0.8%；从 20 世纪 90 年代末期开始，日本居民热量摄入量呈明显的减少趋势，2009 年减至 2 674kcal/（人·日），同比减少了 2.1%，比 1997 年减少了 9.0%，之后略有回升，2013 年为 2 726kcal/（人·日），但增幅较小，同比仅增加 1.0%。日本居民人均蛋白质摄入量呈现明显的阶段性变化。从 20 世

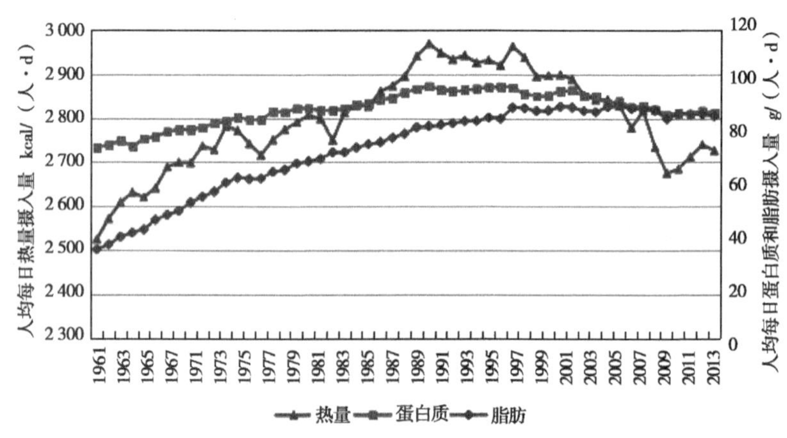

图 6-19 日本居民主要营养素摄入量（1961—2013 年）

数据来源：联合国粮农组织（FAO）食物供需平衡表

纪 60 年代到 80 年代后期，日本居民蛋白质摄入量从 1961 年的 75.2g/（人·日）增加到 1989 年的 98.9g/（人·日），增长了 31.5%，年均增长约 1.0%；

之后的近10年时间里，日本居民蛋白质摄入量虽有波动，但总体上稳定在97kg/（人·日）左右，2001年人均摄入量为97.2g/（人·日），同比减少0.2g；2002年起，日本居民的蛋白质摄入量呈稳定减少态势，2009年减至87.4g/（人·日），同比减2.2%，比2001年减少了10.1%，但几年来基本稳定在88g左右，2013年为87.65g/（人·日）。日本居民脂肪摄入量呈明显的先增长后稳定的总体趋势。1961—1996年，日本居民脂肪摄入量稳定增加，呈近似直线的增加趋势，摄入量从34.2g/（人·日）增加到89.7g/（人·日），增长了1.6倍，年均增幅为2.8%。从20世纪90年代中后期开始，日本居民脂肪摄入量虽略有波动，但总体相对平稳，基本保持在人均日摄入量88.6g左右的水平，2013年为86.48g，与上年基本持平，略低于1996年最高水平。

（2）**主要营养素的食物来源差异较大**。从营养素来源构成变化看，日本居民日常生活的热量、蛋白质和脂肪摄入中动物性和植物性来源并不均衡。从图6-20可知，植物性食物是日本居民日常所需热量的主要来源，占总能量来源的80%左右，尤其是在20世纪60年代占比较高：1961年这一比重高达

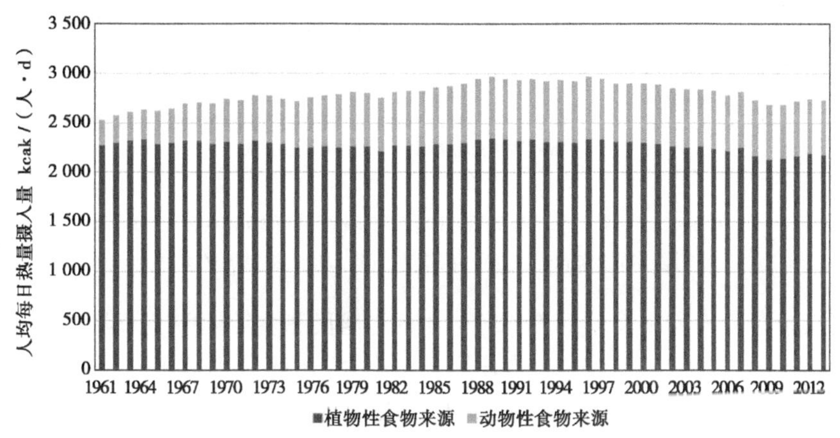

图6-20　日本居民人均每日热量摄入量（1961—2013年）

数据来源：联合国粮农组织（FAO）食物供需平衡表

90.1%，这与其战后经济恢复发展，食物供给和消费主要以传统的大米等为主有关。随着日本农业的发展，植物性食物供能比例有所下降，1978年来源于植物性食物的热量占人均日热量摄入水平的80.8%，比1961年下降了9.9%；在之后的30多年来，植物性食物来源的热量占比虽有波动，但均在79%以上。

从这一变化看，虽然日本居民动物性食物摄入有所增加，但植物性食物仍是其热量摄入的主要来源。

从图 6-21 可知，在 20 世纪 60—70 年代，植物性食物仍是日本居民蛋白质摄入量的主要来源，1961 年源于植物性蛋白质摄入量占蛋白质总摄入量的 67.3%，之后这一占比逐步下降，到 1976 年减少至 50.2%。从 1977 年开始，来源于植物性食物的蛋白质占比低于 50%，而来源于动物性食物的占比逐步增加，并占相对比较优势；总体来看，受消费习惯影响，日本居民动物性食物来源蛋白质虽有所增加，但其占蛋白质摄入总量的比重在近 30 年时间里基本稳定在 53%左右的水平，特别是近 10 年来，基本稳定在 55%～56%，2013 年这一比重为 55.4%，同比略减 0.18 个百分点。

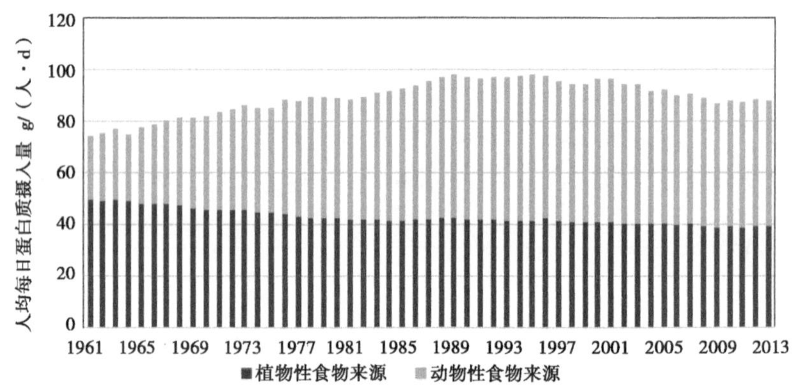

图 6-21　日本居民人均每日蛋白质摄入量（1961—2013 年）

注：数据来源于联合国粮农组织（FAO）食物供需平衡表

从脂肪摄入量来看（图 6-22），在日本居民膳食结构中，来源于植物食物与来源于动物性食物的脂肪所占作用相差不大，但植物性食物来源的脂肪摄入水平更高。1961 年，日本居民人均日脂肪摄入量约 34.2g，其中有 59.7%来源于植物性食物，40.3%来源于动物性食物；随着日本居民动物性食物摄入的增加，这一比重略有变化，如 1971 年，来源于植物性食物的脂肪占比减至 51.4%，而动物性来源脂肪摄入占比为 48.6%。随着人们食物消费的升级，日本居民植物性来源和动物性食物来源脂肪摄入量都有所增加，但植物性食物来源的脂肪占比又有所增加，1997 年这一占比增至 59.6%，比 1971 年增加了 8.2 个百分点。值得关注的是，近十年来，日本居民植物性食物来源脂肪摄入量基本稳定在 54g 左右，占脂肪摄入总量的比重均超过 60%，2013 年分别为

52.95g/（人·日）和61.23%；而动物性食物来源的脂肪摄入量稳中略减，占比则稳定在38.5%左右，2013年分别为33.53g/（人·日）和38.77%，分别比2001年减少1.87g和0.65个百分点。

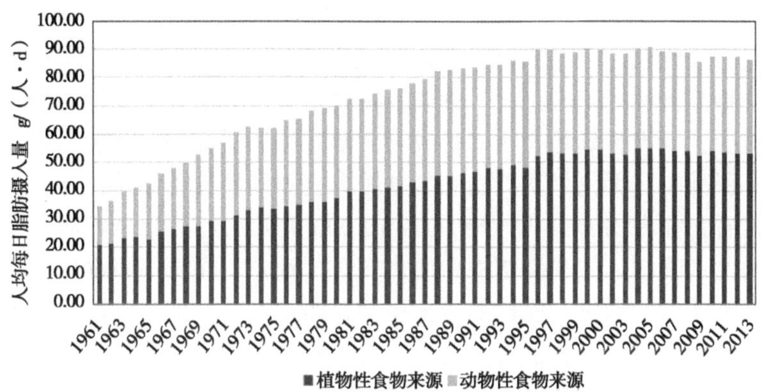

图6-22　日本居民人均每日脂肪摄入量（1961—2013年）

数据来源：联合国粮农组织（FAO）食物供需平衡表

第三节　小　结

一、食物消费支出比重趋于稳定

恩格尔定律指出，随着经济发展，居民食物消费在消费总支出中的比重将逐渐下降。美国和日本居民食物消费支出变化趋势可知，随着经济的不断发展，这两个国家居民食物消费支出在消费总支出中的比重均经历了先快速下降后趋于稳定的基本走势。值得关注的是，在人均GDP处于5 000~10 000美元时，居民生活水平持续提高，食物消费支出稳步增长，且在消费总支出中的比重稳步下降；当经济社会发展到一定水平，即人均GDP超过15 000美元后，居民生活进入较为富裕阶段，食物消费支出呈现缓慢增长态势，且在消费总支出中的比重趋于稳定或稳中略降态势。如美国自1983年开始人均GDP超过15 000美元，美国居民1984年的食物消费支出为1 265.38美元，恩格尔系数为14.97%，在之后的近20年时间里消费支出继续保持稳定增长态势，而恩格尔系数虽然呈稳中微降态势，但基本稳定在14%左右；日本人均GDP于1986年超过15 000美元，当年食物消费支出约为26万日元，恩格尔系数为29%，之后食物消费支出继续稳定增长，恩格尔系数虽然继续稳中略降，但在随后的近10年时间里基本稳中在27%左右。

二、居民膳食中更加重视植物性食物消费

班尼特法则认为（毛雪峰，2014），随着人们收入的增加，购买力不断增强，及食物消费选择范围扩大，食物消费更多转向非必需品，即谷物类食物消费将会减少，而肉蛋奶等食物消费成为主要选择，进而引起淀粉等食物的热量比例将有所减少。无论是从美国和日本居民食物消费支出结构，还是从食物消费量结构看，在人均GDP处于5 000~10 000美元的经济社会发展关键转型期中，动物性食物在人们膳食结构中的占有重要地位，主要表现在用于动物食物的消费支出增加、动物性食物消费量呈明显增加态势。但是，随着美国居民逐步认识东方以植物性食物消费为主的膳食模式的特点后，虽然动物性食物消费支出仍占食物消费支出的比重较大，肉类、奶类仍在扮演重要角色，但他们的植物性食物消费量逐步增加，而动物性食物消费量则稳步减少，二者形成较为明显的“喇叭口”走势，且有扩大的趋势。与此同时，虽然植物性食物仍然在日本居民食物消费结构中占有重要地位，但动物性食物消费量和消费支出显著增长，“西化”趋势明显（Yuli，2007；Chern，2002）。

三、在外就餐常态化现象日趋明显

随着经济社会的快速发展，在外饮食已经成为美日两国居民重要的饮食行为之一，其消费支出呈明显的增长态势，在整个食物消费支出中的比重稳定增加。如越来越多的美国居民在家庭之外的快餐店、餐馆就餐（Adair LS，2005；French S，2000；Nielsen，2002；Guthrie，2002），统计数据显示，当人均GDP处于5 000~10 000美元，美国居民的在外食物消费支出快速增加，如1973年年人均在外就餐支出为422.22美元，比1961年增长了71.6%；之后随着收入水平的提高，居民在外就餐支出也不断增加，2013年达到1 075.31美元，占食物消费总支出的比重高达40%。虽然日本居民的在外食物消费支出占比相对较小，但当人均GDP处于5 000~10 000美元时，居民在外食物消费支出稳定增长，如1981年（人均GDP超过10 000美元）年人均在外消费支出为32 803.17日元，比1976年（人均GDP为5 111.3美元）增长了49.5%；之后，居民在外消费支出继续稳定增长，2013年为5.42万日元，占食物消费总支出的18.4%，比20世纪80年代初增长了4.6%。从这两个发达国家食物消费的行为变化可以看出，在外就餐

常态化现象日趋明显，这可能与人们收入水平的不断提高有着密切联系，也与家庭职业妇女增加、家庭结构变化、食品工业发展等有着重要联系（Yen，1993）。值得注意的是，在外饮食的增加一定程度上增加了热量等高能食物的摄入量，给居民的健康带来较大的潜在风险。有研究表明，2 岁及以上居民在外就餐食物提供的脂肪占膳食总脂肪摄入的比例从 1977—1978 年的 18%增加到 2005—2008 年的 35%；与在家就餐相比，在外消费仍旧是高脂肪、高盐、高热量和低膳食纤维模式，2008 年美国居民的在外消费贡献了 32%的热量摄入（Bing-Hwan Lin，2012）。

四、主要营养素摄入量及其来源结构趋于稳定

从美日两国营养变迁的规律看，两国居民的能量、蛋白质和脂肪等主要营养素摄入量均经历快速增长后趋于稳定，主要营养素的来源结构也相对稳定，但两国间差异明显。美国居民热量、脂肪、蛋白质摄入量均经历快速增长后，于 21 世纪初达到历史峰值的 3 833 kcal，但近年来有所减少，2011 年热量摄入量仍高达 3 639 kcal，脂肪为 161. 6g，蛋白质为 109. 2g；而日本居民热量摄入量从 20 世纪 60 年开始逐步增长，并经历了 70—80 年代的快速增长后，于 90 年中期达到历史较高水平，之后趋于回落，倒“U”形走势特征明显，脂肪和蛋白质摄入量经历缓慢增长后趋于稳定，2011 年摄入量分别为 2 719 kcal、87. 3g 和 88. 4g，明显低于美国居民摄入水平。从来源结构看，无论是美国，还是日本，在经济社会发展的不同阶段，植物性食物始终是能量的主要来源，动物性食物是蛋白质的主要来源，动物性和植物性食物均在是脂肪的重要来源。虽然美国居民的植物性食物供能比近年来明显增加，但其膳食模式已经转变为低营养密度的膳食结构，比美国农业部推荐的健康膳食模式低约 20%，日本居民膳食中来源于植物性食物的热量、蛋白质和脂肪比重均高于美国。美国居民高热量、高脂肪的膳食模式导致是肥胖等慢性病发生的主要原因之一（David，2003），而日本居民的膳食模式相对合理，是其成为世界上人均寿命最长国家之一的重要原因（Zenjiro，2006）。

五、居民食物消费与营养改善保障机制相对完善

美国、日本等高度重视食物与营养发展保障体系相对完善，这是推进食物与营养发展的有力保障（曾红颖，2005）。早在 1946 年美国政府就启动了以《学校午餐法》为标志的国家营养干预政策，并逐步制定了《儿童营

养法》《妇女、婴幼儿特殊营养补充规划》和《儿童夏季食物供应规划》等法律法规和食物改进政策（曾红颖，2005）；1990年颁布《全国营养监测及相关研究法》，开展国民的膳食与营养状况评价，并于1998年将之前每4~6年的不定期全国营养调查改为每年进行一次，调查内容包括膳食摄入量、饮食行为、营养状况、肥胖、心血管疾病、生长发育等。同时，进一步强化相关政策措施，坚持将食物券计划、学生午餐、食物补助和营养研究计划等一系列政策措施纳入《美国农业法案》等法律法规体系和国家中长期发展规划（国家营养规划研究课题组，2005），推动国内居民食物与营养可持续发展；2010年成立了由时任美国总统奥巴马夫人米歇尔·奥巴马牵头的特别工作组，应对日益严峻的儿童肥胖问题。日本通过建立《营养改善法》《学校配餐法》等一系列法律法规和政策措施，极大改善了第二次世界大战后居民的营养不良状况。针对20世纪90年代后期居民食物消费“西化”趋势、居民膳食营养不尽合理和肥胖等营养相关慢性非传染性疾病发病率增加的现实问题，日本在坚持推进营养配餐、膳食改善政策的基础上，于2000年推出了“健康日本21”项目（吴坚，2010），大力普及营养知识，倡导传统饮食，实施“食育推进基本计划”，强化食物与营养教育，促进居民食物消费模式转变和膳食结构更趋合理，进而持续提升人们的健康状况。从近年来主要营养素摄入情况和来源结构看，日本居民的植物性食物供能比和蛋白质、脂肪摄入量有所减少，说明这政策对日本居民的食物消费模式转变、营养健康状况改善发挥了积极作用。

第七章　基于营养目标的中国城镇居民食物消费路径选择

近30年来，中国高度重视食物消费的引导和膳食模式科学指导，制定并出台了一系列的政策措施，如《九十年代中国食物结构改革与发展纲要》《中国食物与营养发展纲要（2001—2010年）》《中国食物与营养发展纲要（2014—2020年）》和中国居民膳食指南等。这些政策措施在引导居民食物消费、构建科学合理的膳食模式和饮食行为等方面提出了具体目标，为促进居民食物与营养发展发挥了积极作用。

随着城镇化和农业现代化战略的推进实施，中国社会经济将继续保持持续快速发展的良好态势，全国居民尤其是城镇居民收入水平将进一步提高，在食物供给多样化、消费选择多元化和营养健康品质化等持续转变的背景下，居民食物消费模式必将继续发生变化。与此同时，在新的经济社会发展阶段，特别是在小康社会加快实现的过程中，中国居民食物消费相对盲目，膳食质量下滑严重（柳叶刀，2015），居民营养已经受到营养不足和过剩的双重威胁，人口老龄化日趋明显、慢性非传染性疾病对健康的威胁将更加突出，肥胖、高血压等营养相关的慢性非传染性疾病发病率不断攀升，给中国经济社会发展带了沉重压力。2010年第六次人口普查结果显示中国60岁以上人口1.78亿，占总人口的13.3%，预计到2020年将达到2.43亿，占总人口的18%。发达国家人口老龄化用了100多年时间，而中国却不到30年。人口老龄化给国家社会经济和谐发展带来的史无前例的巨大挑战和压力。统计数据显示，从1993年到2011年的近20年间，中国60岁以上老年人口数从8 199万人增加至17 765万人，年均增长4.4%；而这期间老年人口全年门诊医药费从420亿元增加至5 090亿元，年均增长14.9%，老年人疾病经济负担从775亿元增加至4 283亿元（当年价格），年均增长12.9%，远高于城镇居民收入增长速度。7~15岁学生超重、肥胖率也呈上升趋势。据统计，中国城市地区男、女生超重/肥胖率分别由1985年的1.5%~1.8%、2.6%~4.1%增加至2010年的19.7%~

29.3%、11.3%~18.0%。

今后一段时期，中国居民食物消费将加速转型升级，将是中国改善居民营养健康的 关键战略时期（中国营养学会，2007），抓住机遇，合理引导，适时干预，会事半功倍；否则，不仅可能影响几代人的健康素质，也可能会造成沉重的疾病负担，消耗社会经济发展的成果。如何在新形势新情况下，加快促进居民尤其是城镇居民营养健康状况的持续改善，实现国家制定的营养发展目标的任务越来越艰巨。俗话说，民以食为天，病从口入。大量研究显示，营养过剩是肥胖病、心血管病、糖尿病、恶性肿瘤等慢性病的共同危险因素（Keys，1956；Anitschkow，1993）。以食物消费为切入点，引导人们科学合理膳食，建立良好的饮食消费行为，逐步形成相对健康的膳食模式，对应对未来一段时期中国城镇居民食物与营养发展中可能出现的问题显得尤为重要。

随着中国城镇居民收入和生活水平的不断提高，大部分居民的日常食物消费需求已经得到满足，而且正在想更加营养、健康的食物消费模式转变，如何进一步提高城镇居民食物消费的质量、构建科学合理的膳食结构显得更加重要。本章结合《中国居民膳食指南（2016）》《中国食物与营养发展纲要（2014—2020 年）》和《中国居民膳食营养素参考摄入量》（Chinese DRIs）等提出的营养目标，并基于中国经济社会稳定发展、居民收入稳定增长和农产品价格温和上涨这一基本态势，对 2020 年中国城镇居民主要食物的消费情况进行了预测，并与目标值进行了比较分析，探索提出未来一段时期中国城镇居民的食物消费模式和营养目标的实现路径，以期为相关政策的制定提供参考和借鉴。

第一节 居民营养目标

一、关于食物消费量

（1）中国居民膳食指南。20 世纪 50 年代后，世界上工业化国家居民的健康大为改善，寿命延长，慢性退行性疾病成为主要死因，其发病率与膳食结构的关系引起关注。1968 年瑞典出版了第一部膳食目标。随后美国 1977 年也提出了膳食目标，1980 年改为膳食指南。1989 年世界卫生组织（WHO）提出了一个世界性的膳食目标。20 世纪 70—80 年代，其他国家也纷纷提出了各自的膳食指南。在全球范围内，已有 49 个国家拥有本国的膳食指南。从世界营养改善的发展历史看，各国采用的“营养目标”主要依据是各国依据本国居民食物消费特点和营养科学进展等情况研究制定的膳食指南，已成为各国膳食目标的食物化和数量化成果。膳食指南又称膳食指导方针，是由某地区或国家的营养健康权威机构以营养学原则为基础，以促进合理营养、改善健康状况为目的，结合本国或本地区的实际情况，制定的适合普通民众或者特殊群体的指导性意见，引导人们合理选择和搭配食物，科学膳食，进而使之尽可能地符合营养素参考摄入量要求，从而促进居民健康，并减少营养相关慢性疾病的发生。

图　中国居民平衡膳食宝塔

资料来源：中国营养学会

合理营养是健康的物质基础，平衡膳食又是合理营养的根本途径。中国居民膳食指南是根据多年的营养调查和监测并借鉴各国经验，紧密结合中国居民食物消费结构、消费习惯、营养状况和营养科学的发展变化，在均衡营养的理论基础上制定的，旨在为居民消费选择提供科学的指导和建议，帮助居民合理选择食物，进而构建科学合理的膳食结构，以改善人民的营养和健康状况，减少或预防慢性疾病的发生，提高国民的健康素质。自 1989 年中国营养学会制定中国第一个膳食指南，经过多次修订，形成了《中国居民膳食指南（2016）》版。新版膳食指南的针对性更强，并增加了每天足量饮水、合理选择饮料等内容。其中，“中国居民平衡膳食宝塔”是根据《中国居民膳食指南》的核心内容，结合中国居民膳食的实际状况，把平衡膳食的原则转化成各类食物的重量，以更加直观形象地进行说明（图）。平衡膳食宝塔提出了一个营养上比较理想的膳食模式，共分5层，包括每人每天应摄入的主要食物种类和数量。其中，水是人类生命活动所必须的，位于最底层，每人每天应摄入1 200毫升；谷类食物位于第一层，每人每天应摄入250~400g；蔬菜和水果居第二层，每人每天应分别摄入300~500g和200~400g；鱼、禽、肉、蛋等动物性食物位于第三层，每人每点应分别摄入50~70g的畜禽肉类、50~100g的鱼虾类和25~50克的蛋类；奶类和豆类和坚果食物合位于第四层，每人每天应摄入300g奶及奶制品和30~50g的大豆类和坚果食品。最顶层也就是第5层是食用油和食盐，每人每天摄入食用油25~30克为宜，且摄入食盐不超过6g。

（2）**中国食物与营养发展纲要**。自20世纪90年代以来，中国高度重视食物与营养协调发展，先后发布了《九十年代中国食物结构改革与发展纲要》和《中国食物与营养发展纲要（2001—2010年）》两个纲领性、指导性文件，为促进中国食物与营养发展发挥了重要作用。针对中国食物与营养发展面临的新机遇新挑战和新形势，国务院办公厅于2014年发布了《中国食物与营养发展纲要（2014—2020年）》（以下简称《纲要》），对中国食物与营养发展提出了总体设想、具体目标和保障措施等。其中，《纲要》中明确提出了2020年中国居民的食物消费目标，即到2020年，全国人均全年口粮消费135kg、食用植物油1kg、肉类29kg、蛋类16kg、奶类36kg、水产品18kg、蔬菜140kg、水果60kg。折算成人均消费量，每人每天消费口粮369. 86g，食用植物油32. 88g，肉类79. 45g，蛋类43. 84g，奶类98. 63g，水产品49. 31g，蔬菜383. 56g，水果164. 38g。与中国居民平衡膳食宝塔的膳食结构相比，粮食（谷物）、食用油、肉类、水产品、蔬菜、水果等摄入量的消费目标基本一致；但奶类消费量折算后的差距较大，这可能是考虑到中国农村地区尤其是西部贫困地区的奶类消费较少的缘故。《纲要》提出的食物消费目标主要来源于中国居民平衡膳食宝塔中的指标，因此两者是相辅相成的。《纲要》的制定和实施对未来一段时期，中国城乡居民食物与营养发展具有重要的指导作用和意义，特别是引导中国食物结构调整和优化，促进生产、消费、营养协调发展，倡导健康、文明的饮食文化，形成合理膳食模式，提高国民素质和健康水平。

二、关于营养素摄入量

人体需要的各种营养素都是从每天的饮食中获得，因此需科学安排每日膳食以提供数量及质量适宜的营养素；如某种营养素长期摄入不足或过多，就可能产生相应的营养不足或过多的危害。为帮助人们安全摄入各种营养素，避免可能产生的营养不足或过多的危害，营养学家根据有关营养素需要量的知识，提出了适用于不同年龄、性别及劳动、生理状态人群的膳食营养素参考摄入量（Dietary reference intakes，DRIs）。《中国居民膳食营养素参考摄入量》（Chinese DRIS）是在RDAS基础上发展起来的一组每日平均膳食营养素摄入量的参考值，包括4项内容；平均需要量（EAR）、推荐摄入量（RNI）、适宜摄入量（AI）和可耐受最高摄入量（UL）。其中，平均需要量（Estimated average requirement，EAR）是群体中各个体需要量的平均值，是根据个体需要量的研究资料计算得到的。EAR是依据某些指标进行判断，可以满足某一特定性别、年龄及生理状况群体中半数个体的需要量的摄入水平。这一摄入量能够满足该群体中50%的成员的需要，不能满足另外50%的个体对该营养素的需要。EAR是制定推荐摄入量（Recommended Nutrient Intake，RNI）的基础。RNI是可以满足某一特定性别，年龄及生理状况群体中绝大多数（97%~98%）个体需要量的摄入水平；长期摄入RNI水平的营养素，可以满足身体对该营养素的需要，并保持健康和维持组织中有适当的储备；其主要用途是作为个体每日摄入该营养素的目标值。

《中国居民膳食营养素参考摄入量（2000）》按照不同年龄、性别分别给出了能量、蛋白质、脂肪等营养素的每日推荐摄入量，其中18岁以上轻体力活动男子（相当于标准人）每日能量摄入量为2 400kcal，蛋白质75g，脂肪供能比在20%~30%。

同时，《中国食物与营养发展纲要（2014—2020年）》提出，到2020年，全国人均每日摄入能量2 200~2 300 kcal；其中，谷类食物供能比不低于50%，脂肪供能比不高于30%；人均每日蛋白质摄入量78克，其中优质蛋白质比例占45%以上；维生素和矿物质等微量营养素摄入量基本达到居民健康需求。

表7-1 能量和蛋白质的每日推荐摄入量（RNIS）及脂肪供能比

年 龄	能量（kcal）		蛋白质（g）		脂肪占能量百分比（%）
（≥18）	男	女	男	女	
轻体力活动	2 400	2 100	75	65	20~30
中体力活动	2 700	2 300	80	70	20~30
重体力活动	3 200	2 700	90	80	20~30

注：数据来源于《中国居民膳食营养素摄入量（2000）》

第二节 城镇居民食物与营养发展情况与理想目标差异分析

2014 年中国 GDP 总量已经超过 60 万亿元，成为全球第二大经济体。如按照年均 7%左右的增速，预计 2020 年中国 GDP 将达到 95 万亿元以上，人均 GDP 将达到 6.6 万元，城镇居民家庭人均可支配收入将达到 3.7 万元。同时，随着中国农产品市场化改革的不断深入，市场在农产品价格和供需平衡调控的决定性作用将进一步凸显，根据中国农产品供给的总体趋势看，未来 5~10 年中国农产品价格将保持过去十年的基本趋势，即呈温和缓慢上涨态势，年均涨幅保持在 5%左右（中研网讯，2014）。根据食物消费规律，中国城镇居民在小康社会时期的食物消费支出将进一步增长，城镇居民的恩格尔系数将继续稳中有降，食物消费量趋于稳定或缓慢增长态势（毛学峰，2014）。基于上述判断，本文应用自回归积分移动平均（ARIMA）模型对 2020 年中国城镇居民重要食物消费情况进行了预测（表 7-1），并与《中国食物与营养发展纲要（2014—2020 年）》和《中国居民膳食指南》中的目标进行了比较分析。

一、食物消费量

从表 7-2 可知，随着中国经济社会的发展，城镇居民收入水平的继续提高，2020 年各种食物消费量将不同程度的增加，其中粮食年均消费量将增至 85.2kg，比 2012 年增约 8.12%，但仍显著低于《中国食物与营养发展纲要（2014—2020）》和《中国居民膳食指南》的目标消费量。蔬菜、食用油和鲜蛋的消费量稳中略增，虽然与《纲要》的目标消费量还有较大的差距，但都处于《膳食指南》的建议摄入量的合理区间内，能够满足人们的日常需要。受近年来中国奶业质量安全时间影响，奶类消费量增长缓慢，而中国城镇居民奶类消费以鲜奶为主（中国农业科学院农业信息研究所，2014），预计到 2020 年年人均消费量将增至 19.5kg，与《纲要》和《膳食指南》提出年人均 36kg 和 109.5kg 的消费量（摄入量）仍有较大的差距，这提示应加强引导居民合理增加奶类消费。与此同时，中国城镇居民的鲜瓜果消费量大幅增长，预计到 2020 年年人均消费量将增至 67.9kg，比 2012 年增约 21.0%，超过了《纲要》设定的 60kg 的目标，但仍低于《膳食指南》提出的年人均 73kg 的消费量。值得注意的是，2012 年肉类消费量已经超出了《纲要》提出的 29kg 的目标值和

《膳食指南》建议的 25. 6kg 的最高消费量；随着中国城镇居民食物消费继续转型升级和“西化”趋势，肉类消费量将继续增加，预计到 2020 年年人均消费量将增至 41. 1kg，比 2012 年增 15. 1%，将大幅高于《纲要》和《膳食指南》设定的消费目标；如考虑在外消费中肉类等占主要比例的实际情况，预计城镇居民的肉类消费量将进一步增加，这些都提示应尽快制定相关政策措施，引导居民适当减少肉类消费。

表 7-2　中国城镇居民主要食物消费量与《纲要》和膳食指南目标比较

kg/（年·人）	2012 年中国城镇居民食物消费量	2020 年中国城镇居民食物消费量预测值	中国食物与营养发展纲要 2020 年目标	中国居民膳食指南建议摄入量*	
粮食	78. 8	85. 2	135[1]	91. 3[2]	146. 0[2]
蔬菜	112. 3	115. 4	140	109. 5	182. 5
食用（植物）油	9. 1	9. 2	12[3]	9. 2[3]	10. 95[3]
肉类	35. 7	41. 1	29	18. 3	25. 6
鲜蛋	10. 5	11. 1	16	9. 2	18. 3
水产品	15. 2	19. 7	18	18. 3	36. 5
鲜奶	14. 0	19. 5	36[4]	109. 5[4]	
水果	56. 1	67. 9	60[5]	73[5]	146[5]

数据来源：根据中国统计年鉴 2013、中国食物与营养发展纲要（2014—2020 年）和中国居民膳食指南（2010）进行整理和计算，均为人均消费量

注：*《中国居民膳食指南》的平衡膳食宝塔建议的各类食物摄入量为食物可是部分的生重，下限为能量水平 1 800kcal 的建议量，上限为 2 600kcal 的建议量；[1] 为口粮消费；[2] 为谷物消费；[3] 为食用油消费；[4] 为奶类或奶及奶制品消费；[5] 为水果

二、营养素摄入量

从表 7-3 可知，2002 年中国居民营养与健康状况调查显示，中国城镇居民的热量摄入量为 2 134kcal，基本接近《纲要》设定的每日 2 200～2 300kcal 的目标，但与《中国居民膳食营养素参考摄入量》提出的 2 400kcal 仍有不小差距，低约 12. 5%；蛋白质摄入量分别比《纲要》和《中国居民膳食营养素参考摄入量》提出的目标少 13. 0%和 8. 7%；但脂肪供能比已高达 35%，比《纲要》不高于 30%的目标和《中国居民膳食营养素参考摄入量》提出的 20%～30%的合理区间均高 5 个百分点，说明中国城镇居民的脂肪供能比已处于较高水平，这也可能是中国城镇居民肥胖、心血管等慢性非传染性疾病高发

多发频发的重要原因。如考虑到未来中国城镇居民粮食、肉类、奶类等重要的热量、蛋白质和脂肪来源丰富的食物消费量继续增加等因素，预计未来一段时期，中国城镇居民的热量、蛋白质和脂肪供能比将进一步增长。但从国际居民营养摄入水平的变化来看，人均每日摄入能量峰值在3 000kcal左右（秦中春，2013），但受食品偏好、产品价格和收入水平的影响，不同国家间有所差异，如美国居民能量摄入峰值在3 600~3 800kcal，而日本则在2 900~3 000kcal。在中国城镇居民的热量、蛋白质和脂肪摄入量势必会随着收入水平、食物供给水平和消费转型升级而有所增加，但中国以植物性食物为主的传统膳食模式也会对这一增长产生一定的抑制作用。因此，针对中国城镇居民主要营养素摄入情况，必须制定相关措施，引导居民重要合理膳食，适当控制脂肪等的摄入量，促进居民营养与健康状况持续改善。

表7-3　中国城镇居民脂肪和主要营养素摄入量与《纲要》和膳食指南目标比较

	2002年中国城镇居民摄入量	中国食物与营养发展纲要2020年目标	中国居民膳食营养素参考摄入量*
热量（kcal）	2 134	2 200~2 300	2 400
蛋白质（g）	69	78	75
脂肪占能量百分比（%）	35	<30	20~30

数据来源：中国卫生统计年鉴、中国食物与营养发展纲要（2014—2020年）和中国居民膳食营养素参考摄入量（2002）

注：*中国居民膳食营养素参考摄入量为标准人日建议摄入量

第三节　基于营养目标的中国城镇居民食物消费策略选择

从典型发达国家食物消费的变化历程来看，当人均GDP超过5 000美元时，居民食物消费中动物性食物消费量明显增加，消费支出较快增长，来源于动物性食物的蛋白质、脂肪和热量占比明显增加；而进入15 000~20 000美元区间后，消费趋于稳定或进入缓慢增长状态，粮食等植物性食物与肉类等动物性食物消费量趋于稳定，在人们的膳食结构中的比重也保持相对稳定。同时，在外饮食成为居民的重要食物消费方式之一，并呈常态化发展趋势。

从中国城镇居民的食物消费现状来看，虽然年人均食物消费支出、恩格尔系数与美国、日本仍有较大差距，但食物消费量正在加速追赶，蔬菜等个别种类食物的消费量已达到或超过美日水平；热量、脂肪和蛋白质等营养素摄入量也保持了相当水平，但群体间的不均衡现象突出，营养不良和营养过剩的现象仍旧存在。

从未来发展趋势看，随着城镇战略的加快推进，当前和今后一段时期，中国农业发展处于新常态，城镇居民食物供给的硬约束不断增强，而居民的教育水平、食物消费意识、营养健康需求和认知水平等将不断提高，以及收入水平持续提高，食物消费支出将进一步增长，食物消费结构将加快转型升级；与《中国食物与营养发展纲要（2010—2014）》和《中国居民膳食指南》提出的居民食物与营养发展目标相比，除肉类外，蔬菜、奶类等重要食物消费量仍有较大的增加空间；脂肪供能比、热量和蛋白质摄入量接近于目标值。但同时需要注意的是，中国城镇居民生活方式、消费行为等转变带来的健康潜在风险日益加大，加上老龄化趋势进一步凸显，心血管、肥胖等与膳食相关的慢性病发病率不断增加，营养健康面临的风险将越来越大。

建立以营养目标为指导的食物消费模式，不仅有利于居民营养健康状况的持续改善，预防或减少营养相关慢性病的发生；也有利于促进合理消费，减少食物浪费，节约粮食等食物资源，构建资源节约型和环境友好型性可持续发展模式；有利于促进农业生产以消费为导向，加快产业转型升级，推进农业现代化建设；更有利于因地制宜，充分发挥各地资源和市场优势，制定食物与营养相关宏观政策，持续提升居民的食物与营养发展水平。因此，必须从营养健康的目标出发，重新审视中国城镇居民的食物消费，这也是保障食物供需平衡和确保食物安全的重要途径；必须通过政府部门、企业团体、市场主体、生产者、消费者、经营者、管理者和广大媒体等的协同努力，才能实现居民食物消费结构更加合理、消费行为更加理性、膳食营养更加科学，进而实现食物与营养发展目标，为中国城镇化和农业现代化战略和小康社会目标实现奠定坚实基础，为经济社会保持又好又快发展创造良好基础条件。

一、树立以营养为目标的食物安全新理念，增强农业发展的可持续性

无论是《国民经济和社会发展第十二五发展规划纲要》，还是中央十八届三中、四中全会，还是连续11个中央一号文件，都强调要坚持以科学发展观统领经济社会发展全局，促进资源优化配置，持续改善国民的营养和健康状况，实现农业、环境和人类的可持续发展。当前，中国农业发展处于新常态，

面临着价格“天花板”和成本“地板”双重挤压、生产和价格补贴“黄线”不断迫近以及资源环境“红灯”预警约束等重大考验。新时期食物安全的内涵不仅包含数量安全，还包含质量安全和可持续性安全。大城市地区农业持续稳定发展和城镇居民食物有效安全供给的约束更强、挑战更大。树立以营养为目标的食物安全新理念，有利于形成“营养引导消费，消费指导生产，生产服务消费”的产业发展模式，减少或避免生产过剩和不足与需求疲软和旺盛之间的矛盾，协调好生产与消费、产区与销区、农村与城市的关系；有利于加快农业生产从只重视数量向数量、质量和效益并重上转变，取得经济效益和社会效益的双赢，促进中国食物安全战略的整体实现；有利于缓解水、土地、环境等要素对中国农业生产的约束，进一步优化产业结构和布局，增强农业的可持续发展能力。同时，随着收入的不断增长，中国城镇居民的生活水平正向比较富裕的小康水平迈进，城镇居民食物消费正在向多样化、品质化、营养化、差异化方向转变，对食物供给提出了更高的要求。因此，应树立“营养指导消费，消费引导生产，生产服务消费”的理念，坚持食物生产结构依据消费结构、消费结构依据营养需要的原则，走出一条符合中国国情的“营养、科学、合理”的食物与营养发展道路；以营养健康为主要目标，进一步调整优化中国农业产业结构，变“种什么吃什么”为“吃什么种什么”，加快推进奶业、大豆产业等现代农业和现代食品工业健康快速发展，不断满足城镇居民日趋多样化、差异化、品质化、营养化的食物消费需求。

二、完善收入分配制度，增强城镇居民食物消费能力

收入水平是影响居民消费的首要因素。作为一种经济行为，食物消费必然受到一个国家或地区经济社会发展程度的约束，即居民的食物消费水平和能力随着一个国家或地区的经济社会发展和人们收入水平的提高而增强。虽然中国城镇居民的收入水平快速提高且显著高于农村地区，但城市内不同社会阶层收入差距较大，且普遍存在低收入群体的现实。食物与营养发展的实践表明，高收入群体的消费趋于稳定，而低收入人群受其收入来源不稳定、养老和医疗等负担重等因素影响，食物消费支出占在消费总支出中的比重仍然较大，且食物多以粮食等生活必需品和“劣质品”为主，以解决温饱为主要目标；收入是约束居民膳食营养水平的主要因素。这在一定程度上，制约着城镇居民食物消费结构调整和转型升级，以及膳食营养目标的实现，也成为制约整个社会经济发展的重要影响因素之一。从经济学角度出发，低收入人群收入水平的提高，食物消费实现转型升级，才能进一步激发消费活力，拉动以食品为代表的快速

消费品快速增长。因此，应进一步完善社会保障制度，加快发展企业年金、职业年金、商业保险等，逐步构建多层次社会保障体系；切实发挥好最低生活保障制度的兜底作用，加大中央财政和地方财政的补助力度，确保低收入人群收入水平不降低、生活质量有提高；进一步完善就业和再就业体系，开展下岗职工再就业培训，鼓励用人单位吸收再就业人员，改善低收入居民的就业状况；加快完善城镇居民收入再分配制度，通过税收等调节高收入群体的收入水平，将各种福利、补贴等纳入工资性收入（李哲敏，2007），提高固定收入的比重，增强收入的稳定性，同时加大对低收入群体的转移支付力度，促进城镇居民收入持续稳定增长；探索建立价格与补贴联动机制，当食物价格过高时对低收入人群进行补贴（中共中央、国务院，2014），同时促进食物市场稳定运行，保障其食物消费能力和水平不降低，进而加快城镇居民的食物消费转型升级和营养健康状况持续改善。

三、弘扬传统饮食文化，坚持中国特色膳食模式

早在西汉时期，古人就提出了“五谷为养，五畜为益，五菜为充，五果为助”的消费理念，把粮食等植物性食物摆在了基础且重要地位。《黄帝内经》中的“五谷为养，五果为助，五畜为益，五菜为充”，明确提出了谷物（主食）是人们赖以生存的根本，而水果、蔬菜和肉类等等都是作为主食的辅助、补益和补充，彰显了朴素的膳食平衡理念。从传统历史看，中国居民的传统食物消费以植物性食物为主，谷类、薯类和蔬菜的消费量较多，肉类消费量相对较少，奶类消费的地区差异较大且大多数地区消费水平并不高。但当前，中国城镇居民的食物消费中粮食、蔬菜等植物性食物消费支出明显减少，而肉类等动物性食物消费支出快速增长，动物性食物消费量也呈现出快速增长态势，居民食物消费“西化”、外在化和“富裕型”趋势明显，食物消费中动物性食物消费大幅增加，已经形成的适合中国食物生产特点、居民消费习惯和膳食行为的食物消费文化和朴素膳食平衡的理念已经被忽视或正在被遗弃。反观欧美等发达国家，在20世纪90年代开始研究接受中国和亚洲特有的东方传统饮食文化，并在食物消费予以实践，并取得了一定成效。城市居民消费在消费模式构建和消费行为引领中有着特殊重要作用，食物消费模式的构建也不例外。因此，结合各地不同特点，加强对中国优秀传统饮食文化的整理、研究，总结凝练，并通过现代传媒手段，大力宣传中国优秀饮食文化、普及朴素的平衡膳食理念；要发挥城市居民消费的引领作用，坚持已经形成的“食物多样，谷类为主，粗细搭配”的膳食模式，按照《中国居民膳食指南》提出的建议，

稳步增加谷类、豆类、奶类等食物的摄入量，提高膳食质量；引导居民自觉规范消费行为，促进食物消费更加科学合理，实现平衡膳食和营养健康。

四、引导规范在外就餐，促进居民食物消费行为更加科学合理

随着全球经济的发展，在外就餐已经成为世界多数国家面临的重要食物与营养问题之一。无论是在发达国家，还是在发展中国家，无论是高收入人群，还是低收入人群，在外就餐均呈现出较快的增长态势，且已经对居民的食物消费与营养健康产生了较大的影响。通常来看，与在家消费相比，在外就餐不仅增加了食源性疾病传播的风险，也具有高能量、高脂肪和低碳水化合物，且水果、蔬菜摄入较少等重要特征特点。这一食物消费行为已经对居民的营养健康状况产生较大的潜在威胁。近年来，国际社会也高度重视对在外就餐对居民营养健康的影响，并采取相关措施对这一消费行为进行引导贵发，有专家也呼吁制定相关政策法规及健康干预措施（Vandevijvere，2009；You，2009），以应对在外就餐增加对居民营养健康的风险，促进居民食物消费行为更加科学合理。美国于 2010 年实施《菜单标签法律》，要求 20 个座位以上的餐饮企业要标注餐单上食物的能量、脂肪、蛋白质等主要营养素的数量（US National Menu Labeling Law，2010），以便供消费者选择，以此规范餐饮企业行为并引导消费者在外就餐时更加科学、合理膳食。巴西在 2014 版膳食指南中，明确提出“在外就餐时，尽量选择能够供应新鲜制作食物的餐馆，避免选择连锁快餐店”的建议（中国营养学会，2014）。近年来，随着餐饮业快速发展和居民生活节奏越来越快，食物消费在外化导致能量、脂肪等摄入过量，也已经对中国城镇居民食物消费和营养健康产生重要影响。因此，要大力倡导在家消费，减少在外就餐的频次和数量，提高膳食质量；倡导“光盘”行为，减少食物浪费，节约资源，营造良好的社会氛围；通过税收、法律等手段，鼓励餐饮企业、消费者合理消费食物，如增加高能量密度、高脂肪等不健康食品税收，调节不健康食品消费选择（Carlson，2014），通过政策支持降低健康食品的价格，促进健康食品购买等消费选择行为的转变（French，2003）。

五、建立健全相关法律法规，完善食物消费与营养改善的制度保障

美国、日本等典型发达国家的食物与营养发展经验表明，建立健全相关法律法规是推进食物与营养发展的有力保障（曾红颖，2005）。在过去的 20 多年时间里，中国政府也高度重视食物与营养的宏观指导，连续发布了 3 个食物

与营养发展纲要，指导全国和地方食物与营养发展；同时，也开展了大豆振兴计划、学生奶计划、学生营养餐计划等营养改善行动，并开展了“厉行节约，反对浪费”等活动，有力地推动了中国居民食物消费方式和营养健康状况的改善。但食物与营养相关法律法规体系尚不健全。当前和今后一段时期，是中国居民尤其是城镇居民食物消费加速转型升级和居民营养健康改善的关键时期。因此，要研究制定食物与营养相关法律法规，将居民食物与营养发展纳入国家和地方中长期发展规划，作为居民生活水平提高和小康社会建设的重要目标，加快推进居民食物消费方式的转型升级；要加快推进营养立法工作，进一步明确政府各部门的职责任务，动员全社会力量参与营养改善行动，使食物生产销售、营养监测、医疗保健、教育培训等与营养相关的各项工作有法可依，将居民营养改善和健康促进工作纳入法制化轨道；进一步完善食物价格形成机制和管理体系，在充分发挥市场对资源配置决定性作用的同时，发挥好宏观调控的作用（中共中央，2013），在充分考虑价格变化对低收入人群和高收入人群影响的基础上（Shu，2008），通过提高脂肪食物价格的措施来控制居民对这类食物的消费（Caraher，2005），并运用税收等方式适当调节高脂肪、高能食物的生产供给（French，2003；Sean，2005），有效引导产业发展和居民食物消费。

六、创新统计监测制度，增强食物与营养发展支撑能力

目前，中国已经建立了包括食物生产、贸易、价格、质量安全、消费等监测统计制度，基本覆盖了从田头到餐桌整个连链条，以及居民食物与营养监测体系，能为食物与营养发展政策制定提供据决策支撑。其中，国家统计局针对城镇居民食物消费状况建立了住户调查制度和价格监测制度，卫生部已经建立了居民营养与健康监测体系。但无论是与发达国家食物与营养监测统计制度相比，还是与中国食物与营养发展的要求相比，目前的监测统计制度尚不健全、监测体系尚不完善、监测指标不尽科学等，尤其居民食物消费统计支出中低估了在外就餐消费（张彩萍，2010）。针对中国城镇居民食物与营养发展现状和趋势，尤其要加大对城镇居民食物消费影响较大的因素和环节的监测统计，如食物生产供应、实时价格水平、消费支出、消费数量、消费行为等情况，并进一步建立健全居民营养监测统计制度，准确及时把握居民营养健康状况的变化特征趋势，为相关政策制定提供支撑和依据；同时，应加大信息资源整合，加强公开和发布力度，及时公开食物生产、市场、消费和居民营养健康状况监测统计数据和形势分析研判，引导居民合理消费、科学膳食。值得注意的是，中

国城镇居民在外就餐越来越普遍的现实要求目前的统计制度加快健全完善，进一步充实居民在外就餐的消费支出、食物种类、数量、频次和地点等，以更加准确地刻画城镇居民食物消费的全景图，准确把握分析其食物消费的特征和发展趋势及其对营养健康的影响，进而为食物发展和营养改善等相关政策制定提供参考。

七、强化部际联席工作机制，推进食物与营养战略实施

随着城镇化战略的加快推进，农村劳动力向城镇特别是大城市转移，中国城市人口的异质性、流动性特征将更加凸显，收入差异、职业差异、区域差异等对居民食物消费模式的影响将进一步加大，加上资源禀赋、消费习惯、市场流通、价格水平等的影响，不同群体间的食物消费差异将进一步凸显。这些必将对居民的营养健康状况产生影响。虽然中国已经初步形成了食物生产、质量安全管理、市场流通、营养健康等一系列管理体系和工作机制，但呈现出条块分割明显、工作交叉重复、部际协调难度大等问题，制约着食物与营养工作的推进和国家食物安全战略目标的实现。营养目标下的城镇居民食物消费问题涉及营养、卫生、农业、财政、发改、统计等多个部门，要实现食物与营养的协调发展，必须进一步完善跨部门、跨行业、跨领域的高效工作机制，建立健全部际联席会议制度和工作机制，充分发挥各部门的优势，形成合力，才能加快推进中国食物与营养协调发展。要建立各部门间良好的沟通和协调机制，确保食物生产与消费、营养、市场、统计、政策等各领域、各部门间的交流沟通。针对中国城镇化进程中出现的新情况、新问题，进一步整合资源，组织开展国内外、跨学科领域的大型食物与营养合作研究，重点开展食物与营养动态跟踪、食物消费与营养健康相关性、食物结构调整促进营养改善的成本效益、居民营养改善与疾病负担及食物与营养相关制度建设等研究，为相关政策制定提供科学证据和决策支撑。

八、加大宣传教育力度，引导居民更加科学理性食物消费

随着中国经济社会发展，食物生产供给不断丰富多样，城镇居民食物消费模式加快转型升级，但糖尿病、肥胖症、心血管疾病等营养相关慢性非传染性疾病对健康的威胁越来越大；特别是大城市地区，老年人膳食中能量摄入过高，油盐摄入过量，超重、肥胖及营养相关慢性疾病患病率快速上升，如高血压患病率近70%、超重肥胖率超过30%、糖尿病患病率近25%，给人们生活带来较大影响。食品工业化、商业化迅猛发展，广告营销对人们食物消费行为

的影响越来越大，加上食品安全问题越来越受到人们的重视。近期《柳叶刀》发表的文章表明，中国已经成为红肉、含糖饮料、高胆固醇及高盐食物等“垃圾”食物消费增长最快的国家之一，正在以较快的速度追赶西方国家，造成了居民膳食质量的严重下降。如何正确选择食物，合理搭配，平衡膳食，形成良好的食物消费行为，对居民生活质量和营养健康的持续改善作用显得愈发突出。从美国和日本的经验看，全面普及营养知识、提高全民营养意识对居民食物与营养发展有着不可忽视的作用。因此，充分利用城镇地区发达的电视、网络、移动通讯等现代传媒技术手段，大力宣传《中国居民膳食指南》等食物与营养相关知识，引导居民平衡膳食、合理营养、适量运动，促进居民食物消费理念的转变，形成良好饮食习惯，树立均衡膳食、适度合理消费的良好消费行为，促进居民营养与健康持续改善。针对老人、儿童、孕妇等不同人群，开展多种形式、多种类型的食物与营养宣传教育活动，以社区为单位，广泛开展“进区入户”宣教活动，全面普及食物与营养知识；加强中小学学生和家长的食物与营养教育，将食物与营养教育纳入中小学教育内容，传承弘扬优秀传统饮食文化、树立科学膳食理念，提高科学合理消费的自觉性和科学性。同时，充分发挥相关领域专家、行业协会、学会和社会团体等的专业优势，加强对媒体、出版物和宣传品的监督管理，确保食物与营养知识传播的科学性、真实性。

第八章　结论和讨论

促进居民食物消费与营养发展，构建合理膳食营养模式，实现居民营养健康水平的持续提高，是全面小康社会建设目标的重要内容之一。本书从经济学、管理学和营养学的角度出发，运用计量经济学方法对中国城镇居民的食物消费与营养发展现状、特征、未来发展趋势进行分析，在比较分析美国和日本等典型发达居民食物消费与营养发展的现状、特征和走势的基础上，探索提取了基于营养目标下的中国城镇居民食物消费路径选择，以期能够为促进食物发展和居民营养改善等相关政策制定提供参考。

第一节　主要结论

结论一：中国城镇居民食物消费模式加快转型升级。随着中国经济社会发展和城镇居民收入水平不断提高，居民的食物消费支出快速增长，恩格尔系数逐步下降，近年来基本稳定在 36%。城镇居民的肉类等动物性食物的消费支出和消费量均呈快速增加趋势，食物消费模式"西化"趋势明显，但植物性食物仍在中国城镇居民食物消费中占有重要地位，谷类、蔬菜、水果食用率和食用频率均保持较高水平，但奶类消费水平仍处于较低水平。在外就餐已经成为城镇居民日常消费的重要组成部分，且消费支出和占食物消费总支出的比重均呈增长趋势；收入水平与在外就餐支出呈极显著正相关关系，但不同收入群组之间差异性较大。

结论二：城镇居民食物消费受到多种因素影响，不同收入组间食物消费支出和价格弹性存在显著差异。随着经济社会快速发展，中国城镇居民食物消费模式受居民收入水平、食物价格水平、区域经济发展水平、食物生产能力、市场发育程度和餐饮业发展水平等多种因素影响。本文将收入分组作为反映消费者食物消费异质性的重要变量，运用修正后的 AIDS 模型，对粮食等 10 大类食物的弹性进行了计算。结果显示，近年来，粮食、油脂类、蛋类、菜类等已成为城镇居民的重要必须生活品，肉禽及其制品、酒类和奶及其制品需求量对价格变动的反应相对比较敏感，而粮食、油脂类、蛋类、菜类等的需求量对价格反应不敏感，刚性需求特性明显。奶类仍是低收入户组的奢侈品，不同收入层级间肉禽类消费支出弹性无差异；低收入户粮食、油脂类、肉禽及其制品、蛋类、菜类消费的消费需求对价格变动反应较大，而较高收入户不会因价格上涨而减少对水产品类、酒和饮料、干鲜瓜果类的消费。粮食、肉禽及其制品等价格变动对其他食物需求量影响较大，但随着收入的增长，其影响程度呈减小趋势；水产品、奶类价格变动对其他食物需求量的影响随着收入水平的提高而增大；酒和饮料、糕点类和奶及其制品的需求量易受其他食物价格波动的影响，而粮食、肉禽及其制品、水产品、菜类的需求量受其他食物价格波动的影响较小。

结论三：人均 GDP 超过 3 000 美元后，中国城镇居民食物消费加快转型升级。当人均 GDP 超过 3 000 美元后，城镇居民尤其是中、高收入组食物消费加快转型升级，表现为更倾向于消费水产品、奶类等高营养价值食物和糕点等休闲食品；低收入户对肉类、水产品、菜莱等的消费需求差异并不明显，但粮食、油脂和蛋类的生活必需品属性更为明显；中、高收入户的食物消费能力相对较强，不同阶段的需求量对价格反应并不敏感。在不同社会发展阶段，肉禽及其制品、酒和饮料、干鲜瓜果价格变动对其他食物需求量有较大影响；酒和饮料、糕点类和奶制品的需求量受其他食物价格波动的影响较大，而粮食、肉禽及其制品、菜类等的需求量受其他食物价格波动的影响较小。

结论四：中国城镇居民的膳食营养变化明显，膳食质量明显提高、主要营养素来源结构更趋合理，收入水平和在外就餐等对居民膳食营养的影响更加凸显。从食物摄入量看，小麦、稻米、蔬菜等植物性食物仍是中国城乡居民主要摄入食物种类，但呈减少趋势，尤其是谷类食物消费偏低；同时，肉、禽、蛋等动物性食物摄入量占比相对较小但增加趋势明显，畜肉类及油脂消费过多。**从主要营养素的摄入量看，**中国城镇居民的能量、蛋白质和脂肪摄入量基本满足需要，优质蛋白比例上升，脂肪摄入量处于较高水平，且明显高于全国平均水平。**从主要营养素的来源看，**中国特有的传统膳食模式决定了植物性食物仍是城镇居民热量、蛋白质和脂肪摄入量的主要来源，且植物性食物来源的比例仍高于世界的平均值；但脂肪供能比过高，而谷类食物供能比明显低于合理范围。

结论五：美国和日本居民食物消费模式趋于稳定，在外就餐常态化。随着经济的不断发展，美国和日本居民食物消费支出在消费总支出中的比重均经历了先快速下降后趋于稳定的基本走势，即当人均 GDP 处于 5 000~10 000 美元时，居民食物消费支出稳定增长，在消费总支出中的比重快速增加；而当人均 GDP 超过 15 000 美元后，人们生活进入较为富裕阶段，食物消费支出呈现缓慢增长态势，且在消费总支出中的比重趋于稳定或稳中略降态势。无论是从美国和日本居民食物消费支出结构，还是从食物消费量结构看，随着收入水平的提高，尤其是人均 GDP 超过 5 000 美元后，动物性食物在人们膳食结构中的占有重要地位，主要表现在用于动物食物的消费支出增加、动物性食物消费量呈明显增加态势，“班尼特”现象突出。虽然动物性食物消费支出仍占美国居民食物消费支出的比重较大，肉类、奶类仍在美国居民食物消费中扮演重要角色，但美国居民植物性食物消费量逐步增加，而动物性食物消费量则稳步减少，二者形成较为明显的“喇叭口”走势；虽然植物性食物仍然在日本居民食物消费结构中占有重要地位，但动物性食物消费量和消费支出显著增长，“西化”趋势明显。在外饮食已经成为美日两国居民重要的食物消费行为之一，其消费支出呈明显的增长态势，在整个食物消费支出中的比重稳定增加，尤其是在人均 GDP 处于 5 000~10 000 美元时增速明显较高，目前呈现较为明显的“常态化”现象，这一定程度上增加了热量等高能量食物的摄入量，给居民健康带来较大的潜在风险。

结论六：美国和日本居民主要营养素摄入量及其来源结构趋于稳定，植物性食物在膳食中作用明显增加。从美日两国居民的能量、蛋白质和脂肪等主要营养素摄入量的变化历程看，当人均 GDP 处于 5 000~10 000 美元时，这些营养的摄入量均呈快速增长态势；之后随着经济社会的发展，增速有所放缓并趋于稳定，主要营养素的来源结构也相对稳定，但两国之间差异明显。美国居民热量、脂肪、蛋白质摄入量均经历快速增长后，于 21 世纪初达到历史峰值的 3 833 kcal，但近年来有所减少，2011 年热量摄入量仍高达 3 639 kcal，脂肪为 161.6g，蛋白质为 109.2g；而日本居民热量摄入量呈明显的倒“U”形走势特征，脂肪和蛋白质摄入量经历缓慢增长后趋于稳定，且明显低于美国居民摄入水平。从来源结构看，无论是美国，还是日本，植物性食物是能量的主要来源，动物性食物是蛋白质的主要来源，动物性和植物性食物均在是脂肪的重要来源，但美国居民能量的植物性食物供能比近年来明显增加，日本居民膳食中来源于植物性食物的热量、蛋白质和脂肪比重均高于美国。

结论七：预计到 2020 年中国城镇居民主要食物消费量将继续增长，但与营养目标仍有较大较大差距。基于未来 5~10 年中国 GDP 保持中高增速、城镇居民收入稳定增长、农产品价格温和缓慢上涨和农产品生产稳定发展的前提，ARIMA 模型的预测结果显示：预计到 2020 年中国城镇居民主要食物消费量将呈不同程度增长。其中，粮食的年均消费量将达 85. 2kg，蔬菜 115. 4kg，食用油 9. 2kg，肉类 41. 1kg，鲜蛋 11. 1kg，水产品 19. 7kg，鲜奶 19. 5kg，水果 67. 9kg，均比 2012 年有不同程度的增加。**从食物消费量看**，中国城镇居民的食物消费结构不尽合理，与理想目标存在较大差距。其中，粮食、水产品、水果和奶类的当前消费量均低于《中国食物与营养发展纲要（2014—2020）》和《中国居民膳食指南》的消费目标；蔬菜、鲜蛋消费虽然低于《纲要》制定的目标，已处于《膳食指南》建议消费量的合理区间；食用油消费量也接近《膳食指南》建议量的低限；但肉类消费量已超过两个目标值。**从发展趋势看**，预计到 2020 年中国城镇居民消费结构进一步调整，粮食、奶类消费量将继续增加，但仍低于《纲要》和《膳食指南》的目标；蔬菜、植物油消费量稳中略增，但仍低于目标；鲜蛋、食用油消费量虽然离《纲要》目标仍有差距，但达到《膳食指南》的合理区间；水果消费量预计能达到《纲要》目标，但与《膳食指南》目标仍有差距；肉类消费量继续增长，继续超过目标消费量。

结论八：主要营养素摄入量与营养目标仍有差距，脂肪供能比较高问题比较突出。2002 年中国居民营养与健康状况调查显示，中国城镇居民的热量摄入量为 2 134kcal，基本接近《纲要》设定的每日 2 200~2 300kcal 的目标，但比《中国居民膳食营养素参考摄入量》提出的 2 400kcal 仍有低约 12. 5%；蛋白质摄入量分别比《纲要》和《中国居民膳食营养素参考摄入量》提出的目标少 13. 0%和 8. 7%；但脂肪供能比已高达 35%，比《纲要》不高于 30%的目标和《中国居民膳食营养素参考摄入量》提出的 20%~30%的合理区间均高 5%，说明中国城镇居民的脂肪供能比已处于较高水平，这也可能是中国城镇居民肥胖、心血管等慢性非传染性疾病高发多发频发的重要原因。如考虑到未来中国城镇居民粮食、肉类、奶类等重要的热量、蛋白质和脂肪来源丰富的食物消费量继续增加等因素，预计中国城镇居民的热量、蛋白质和脂肪供能比将进一步增长。因此，针对中国城镇居民主要营养素摄入情况，必须制定相关措施，引导居民重要合理膳食，适当控制脂肪等的摄入量，促进居民营养与健康状况持续改善。

结论九：中国应该加快制定相关措施，促进城镇居民食物与营养发展。文章在分析中国城镇居民食物与营养发展变迁历程和典型发达国家食物与营养发展变化特点的基础上，对影响居民食物与营养发展的因素进行了系统梳理，并预测了未来一段以期城镇居民食物消费与中国营养目标的差距和可能出现问题，并针对存在的问题，提出了树立以营养为目标的食物安全新理念、完善收入分配制度、弘扬传统饮食文化、引导规范在外就餐、建立健全相关法律法规、创新统计监测制度、强化部际联席工作机制和加大宣传教育力度等政策建议，以期为科学构建中国城镇居民食物消费模式和持续改善居民营养健康状况及相关政策的制定提供参考。

第二节 讨 论

讨论一：关于数据问题。在论文的研究的数据收集过程中发现，国家统计局发布的中国城镇居民食物消费量数据存在种类不全、口径不统一等问题；国家卫生统计年鉴中关于中国城镇居民的营养健康状况存在数据缺失、滞后等问题。为获得完整数据，充分描述中国城镇居民食物与营养发展状况的全貌，本书采用了中国统计年鉴、中国城镇居民生活与价格统计年鉴、中国城镇居民住户调查资料、卫生统计年鉴，以及中国居民营养与健康状况调查数据（CHNS）、FAO 数据库、日本国家统计局和美国国家统计局等数据资料，并在分析过程中用城镇居民食物的购买量替代了消费量。这些可能会对分析结果可能产生一定影响，也需要在今后的工作中进一步完善。

讨论二：关于在外就餐。随着中国城镇居民收入水平和生活水平的不断提高，居民在外就餐已经成为一种常态，而在外就餐中肉类等动物性食物和高脂肪、高热量食物摄入较多，粮食等植物性、富含膳食纤维的食物摄入相对较少。而中国现有的统计数据中，大多为在家消费调查数据，居民在外就餐的食物消费种类、数量、价格等信息缺失。有关文献也显示，忽视在外饮食需求将导致食物需求偏低估计，特别是畜产品需求的估计偏差可能更大一些，且这种膳食模式可能对人们的营养健康产生重要影响。而在外饮食作为食物消费系统的一部分，受到收入、价格、消费者偏好、家庭结构及其他因素的影响。如何在考虑在外就餐的基础上，对居民食物消费进行系统研究，尚需进一步探讨。因此，在未来研究中，有必要针对在外消费进行专门研究，并将其纳入食物消费系统统筹研究，以对食物消费需求和居民膳食营养做出合理评估。

讨论三：关于城镇居民食物消费需求估计。本书将收入分层作为重要变量，对 AIDS 模型进行修正，基于宏观层面对全国的食物消费需求弹性进行了估计。从文献来看，针对住户微观数据而言，居民食物消费总支出与各种食物消费支出的份额呈非线性关系，理想的数据是基于住户或个体食物消费数据，且各种食物的恩格尔系数与消费总支出呈非线性关系，进而应用二次平方的几乎理想需求系统（QUAIDS）进行估计，能更加全面考察各种影响因素对居民食物消费需求的影响极其变化。同时，虽然收入、价格等经济因素是影响食物需求的重要因素，但引入不同人口特征变量，如年龄、职业、教育、收入等级等因素能更加准确地预测和模拟不同群体的食物消费需求，可更好为制定粮食安全政策服务（钟甫宁，2012）。这也为下一步本研究的深入开展指出了方向。

讨论四：关于合理膳食营养。本书在分析中国城镇居民食物消费与营养发展和比较美日两国居民食物与营养发展变迁规律的基础上，将中国城镇居民的食物与营养发展水平与《中国食物与营养发展纲要（2014—2020 年）》和《中国居民膳食指南》的膳食营养目标进行了比较，特别是主要营养素摄入量的对照标准是轻体力活动成年男子的营养素摄入量。但从实际情况和营养学理论上看，老人、儿童、孕妇等不同人群所处的年龄阶段不同，食物与营养的需求也存在较大差异。这提示在今后的研究中应针对不同群体、不同年龄段的人群进行分组研究、统筹考虑，才能系统、全面地把握中国城镇居民的食物与营养发展水平。

参考文献

陈竺 . 2014. 营养治疗将是解决慢性病的关键［EB/OL］. http：//www. zx58. cn/news/193143/.

董俊 . 2009-11-20. 我国已有 2600 多家农产品经纪人协会［EB/OL］. 新华网 .

董国新，陆文聪 . 2009. 中国居民食品消费的 AIDS 模型分析——以西部城镇地区为例［J］. 统计与信息论坛，9：76-80.

董晓霞，胡冰川，钟钰 . 2008. 中国城镇居民在外消费的地区差异分［J］. 中国食物与营养，12：37-39.

杜文雯，苏畅，王惠君，等 . 2013. 辽宁、河南和湖南省 1013 名成年居民在外就餐状况及影响因素分析［J］. 中华流行病学，34（12）：1159-1163.

杜文雯 . 2014. 中国成年居民在外就餐变化趋势及对营养状况的影响［D］. 中国疾病预防控制中心 .

范金，王亮，坂本博 . 2011. 几种中国农村居民食品消费需求模型比较研究［J］. 数量经济技术经济研究，5：64-77.

范金，王亮，坂本博 . 2011. 几种中国农村居民食品消费需求模型的比较研究［J］. 数量经济技术经济研究，2 805：64-77.

解垩 . 2011. 中国慢性病的经济影响［J］. 世界经济文汇，3：74-86.

孔灵芝 . 2012. 关于我国慢性病防治工作的思考［J］. 中国卫生政策研究，1：2-5.

李园，等 . 2011. 膳食、营养与主要慢性非传染性疾病预防的科学证据［J］. 中华预防医学杂志，5：459-462.

李志强，王东杰，俞闻，等 . 2013. 不同收入农村居民消费需求比较研究［J］. 系统科学与数学，33（1）：2-10.

厉以宁 . 1992. 市场调节经济政府管理市场［J］. 经济研究，11：11-13.

刘华，胡雪枝 . 2010. 中国居民营养素及其来源构成的阶段性分析［J］.

安徽农业科学，38（36）：20-21.

刘华，胡雪枝 . 2013. 中国城镇居民收入增长对营养素需求的影响研究［J］. 农业技术经济，2：95-103.

刘华，钟甫宁 . 2009. 食物消费与需求弹性——基于城镇居民微观数据的实证研究［J］. 南京农业大学学报（社会科学版），9（3）：36-43.

柳叶刀 . 2015-2-27. 中国成垃圾食品消耗增长最快国家［EB/OL］，http：//data. 163. com/15/0227/07/AJEMFPNF00014MTN. html.

路江 . 2010. 食品消费的经济学思考［J］. 理论与实践（理论月刊），4：75-77.

路红艳 . 2011. "十二五"时期扩大消费的政策着力点——从美国人均GDP3000~10000 美元阶段消费特征看我国"十二五"时期扩大消费需求的政策取向［J］. 商场现代化，24：9-12.

毛雪峰，刘靖，朱新凯 . 2014. 国际食物消费启示与中国食物缺口分析：基于历史数据［J］. 经济理论与经济管理，8：103-112.

秦中春 . 2013. 中国未来十年农产品消费增长预测［J］. 农业工程技术：农产品加工业，7：40-43.

司智陟 . 2012. 基于营养目标的我国肉类供需分析［D］. 中国农业科学院.

苏畅 . 2010. 经济因素对我国成年居民膳食营养结构和营养状况影响的研究——九省实例分析（1991-2006）［D］. 中国疾病预防控制中心 .

王禹 . 2013. 基于营养需求的粮食生产目标研究［D］. 中国农业科学院 .

王文化，等 . 2011. 经济收入对居民食品消费观念和行为的影响［J］. 心肺血管病杂志，3：93-98.

吴坚 . 2010. 日本的膳食营养政策和标准［J］. 中国卫生标准管理，1（5）：26-31.

辛良杰，李鹏辉 . 2018. 基于 CHNS 的中国城乡居民的食品消费特征——兼与国家统计局数据对比［J］. 自然资源学报，3 301：75-84.

许菲，白军飞，张彩萍 . 2018. 中国城市居民肉类消费及其对水资源的影响——基于一致的 Two-step QUAIDS 模型研究［J］. 农业技术经济，08：4-16.

许世卫 . 2011. 中国 2020 年食物与营养发展目标战略分析［J］. 中国食物与营养，17（9）：5-13.

彦士锋 . 2009. 转型时期我国城乡居民食物消费支出变化及原因分析［J］.

产业经济评论，1：164-173.
彦士锋 . 2010. 统销制度对我国城镇居民食品消费的影响：1981-2007 [J]. 东岳论丛，4（190）：47-52.
彦士锋 . 2010. 转型期中国居民食品消费研究 [D]. 山东大学 .
杨添安，黎彬，孙灵芝 . 2011. 我国慢性非传染性疾病预防与控制研究进展 [J]. 医学研究杂志，4：9-11.
张彩萍，白军飞 . 2010. 在外饮食消费决策中的收入效应与时间效应——对北京市居民饮食消费的实证研究 [J]. 中国软科学，9：56-65，85.
张少春，闵师，马瑞 . 2018. 城市化、食物消费转型及其生态环境影响 [J]. 城市发展研究，2 503：13-20.
张小强 . 2009. 我国居民食物消费与营养状况的变迁与现状 [J]. 陕西农业科学，5：193-195，205.
张玉梅，俞闻，李志强 . 2012. 中国农村居民食物消费需求弹性研究 [J]. 江西农业大学学报（社会科学版），6：7-13.
赵卫亚，袁军江，陈新涛 . 2012. 我国城镇居民消费行为的异质性分析 [J]. 统计观察，13：104-107.
郑志浩，高颖，赵殷钰 . 2016. 收入增长对城镇居民食物消费模式的影响 [J]. 经济学（季刊），1 501：263-288.
郑志浩，赵殷钰 . 2012. 收入分布变化对中国城镇居民家庭在外食物消费的影响 [J]. 中国农村经济，07：40-50.
中国农业科学院农业信息研究所 . 2014. 中国农业展望报告（2014-2023）.
中国营养学会 . 2016. 中国居民膳食指南（2016）[M]. 拉萨：西藏人民出版社 .
中研网讯 . 2014-6-13. 未来 10 年中国农产品生产价格保持稳定 [EB/OL]. http：//www. chinairn. com/news/20140613/124113537. shtml.
钟甫宁，向晶 . 2012. 人口结构、职业结构与粮食消费 [J]. 农业经济问题，9：12-16.
朱高林 . 2009. 中国城镇居民东方饮食模式嬗变探析 [J]. 消费经济，8：10-12.
Banks J. , Blundell R. and Lewbel A. 1997. Quadratic Engel Curves and Consumer Demand [J]. The Review of Economics and Statics，4：527-542.
Biing-Hwan Lin，Joanne Guthrie. 2012. Ntrition Quality of Food Prepared at

Home and Away from Home, 1977 - 2008 [C]. Agricultural Economic Report No. 105. United States Department of Agriculture.

Carlson A, Frazao E. 2014. Food costs, diet quality and energy balance in the United States [J]. Physiol Behav, 134 (7): 20-31.

Cynthia L. Ogden, et al. 2012. Prevalence of overweight, obesity, and extreme obesity among adults: United States, Trends 1960-1962 through 2009-2010 [A]. National Center for Health Statistics, 9.

Deaton A. and J. 1980. Muelbauer. An Almost Ideal Demand System [J]. Amer Econ Rice, 70: 312-326.

Deaton A. S. 1974. The analysis of consumer demand in the United Kingdom [J]. Econometrica, 42 (2): 341-367.

John Kearney. 2010. Food consumption trends and drivers [J]. Philosohpical trnsaction of the royal society (B), 365: 2793-2897.

Kiyokazu Ujiie. 2011. The effect of altruism on consumer behavior in Japan: ananalysis on rice consumption using scanner data [C]. EAAE 2011 Congress.

Lisa Mancino, Jessica E. Todd, Joanne Guthrie, et al. 2010. How Food Away From Home Affects Children's Diet Quality [D]. USDA Economic Research Report No. 104.

Poi B P. 2012. Easy Demand-system Estimation with Quaids [J]. The stata Journal, 12 (3): 433-466.

Poti JM, Popkin Bm. 2011. Trends in energy intake among US children by eating location and food source, 1977-2006 [J]. J Am Diet Assoc, 111: 1 156-1 164.

Rowan Hooper. 2012-5-11. Obesity on the rise as Japanese eat more Western-style food [EB/OL]. http://cat.inist.fr/? aModele = afficheN & cpsidt=14749686.

U. S. Department of Agriculture, Economic Research Service (USDA/ERS). 2012. Food CPI and Expenditure: Food Expenditure Table, Table 10-Food away from home as a share of food expenditurem

US National Menu Labeling Law (Section 2572 of US Health Care Reform Bill) [EB/OL]. 2010. http://menucalc.com/menulabeling/nationalmenulabeling.aspx.

Vandevijvere S, Lachat C, Kolsteren P, et al. 2009. Eating out of home in Belgium: current situation and policy implications [J]. Br J Nutr, 102 (6): 921-8.

Wenwen Du, Chang Su, Huijun Wang, et al. 2014. Is density of neighborhood restaurants associated with BMI in rural Chinese adults? A longitudinal study from the China Health and Nutrition Survey. BMJ Open, 4 (4): e004528.

Xin Xu, Jayachandran N. Variyam, Zhenxiang Zhao, et al. 2014. Relative Food Prices and Obesity in U. S. Metropolitan Areas: 1976-2001 [J]. Plos One, 12: 1-22.

You W, Zhang G, Davy BM, et al. 2009. Food consumed away from home can be a part of a healthy and affordable diet [J]. J. Nutr, 139 (10): 1994-9.

Yuli Tokoyama, M. A. 2007. Three essays on Japanese Household Food Consumption [D]. Ohio State University.

Zhihao Zheng, Shida Rastegari Henneberry. 2010. The Impact of Changes in Income Distribution on Current and Future Food Demand in Urban China [J]. Journal of Agricultural and Resource Economics, 35 (1): 51-71.

后　记

本书是在我博士论文基础上修改而成。博士求学之路还是比较艰辛的，但我很幸运，在这曲折的求知过程中得到了很多人无私的帮助，才使我能够顺利完成博士论文研究工作。受单位指派，2012年年初借调至当时的农业部市场与经济信息司，以至我虽身处一地，却心挂两头。但我时刻不敢忘记自己仍是一名在读学生的身份，在努力做好工作的同时，坚持完成学业，却也时常感到学业、工作兼顾的艰难，因此也不得不延迟一年毕业。借调的3年，是我成长最快的时期。期间，不仅参与了农业市场化改革相关研究工作，对农业农村政策、农产品市场预警调控都有了深刻认识和领悟，也为今后从事农业农村经济研究开拓了思路，拓宽了视野。最难得的是，在这期间有幸得到了时任农业部市场与经济信息司司长张合成研究员（现中国农业科学院党组书记）、副司长张兴旺研究员（现农业农村部农业机械化司司长）和处长蔡萍女士（现中国农科院沼气研究所党委书记）的悉心教导，他们手把手将我一个“科研青椒”逐步锻炼成一个敢于担当、勇于探索、脚踏实地的“三农人”，其严谨、求是、务实的作风将影响和伴随我一生的科研、工作和生活。同时，还要感谢农业农村部市场司王平副司长等多位领导和同事们，在数据收集、论文撰写过程中给予的帮助和启发，以及在工作和生活上给予的支持和关心。

书稿交送出版社后，心里不仅没有轻松，反而充满了不安。一直以来，食物消费和居民营养都是学者研究的重点、社会关注的焦点，非常值得深入研究。而限于能力和数据的可得性，我只能交出这样一份连自己都不甚满意的书稿。但是不管怎样，基于历史和国际视角，从自己的观察出发，将关于城镇居民食物消费策略的思考和感悟写成文字，希望一家之言能起到抛砖引玉的作用，期盼着关注居民食物消费和营养发展问题的专家学者对新时期我国居民的食物消费问题、前景和策略等进行更为深刻的剖析，为中国城镇化和农业现代化建设提出更多、更深刻的见解，这也是此书撰写的初衷之一。

当前，我国城市化进程加快推进，“人口红利”逐渐减弱，老龄化趋势明显加剧，同时针对供给与消费不匹配等突出问题的农业供给侧结构性改革深入推进，这些正在影响着居民食物消费模式的转变。记得早在 10 多年前，自己刚刚硕士毕业参加工作，就曾时常聆听卢良恕院士、刘志澄研究员、李里特教授（我敬爱的硕士导师）、梅方权研究员和李淑媛主任等老一辈食物与营养工作者关于中国居民食物消费与营养的学术思想，他们倡导“营养指导消费，消费引导生产”、“食育”工作应常抓不懈、“合理膳食，均衡营养”，倡导从消费理念、行为模式、供给目标定位与实现路径等多方面转变传统的农业生产方式和食物供给体系，不断满足人们日益增长的多元化、个性化、高品质消费需求，才能不断提高居民的营养健康水平，同时持续提升我国农业产业的竞争力。时至今日，这些理念和思想仍具有较强理论和现实意义，并且被不断践行实施。正是受此熏陶和对于食物与营养工作的热爱，我自己始终坚持这方面的研究，并基于此完成了博士论文、获得了北京市自然科学基金项目资助，取得了一些成绩；但同时，深深地感到，这一研究领域中数据获取、方法创新、结果应用等仍是较为困难的环节，仍需不断积累和探索。尤其是如何将消费导向理念应用于农产品市场和农业政策研究中，仍有很大的提升空间。这些正是自己今后要努力的方向之一。

在本书出版之际，要感谢博士论文研究期间，导师许世卫研究员的悉心指导以及同事、同学和朋友们的帮助，向他们表示衷心地感谢：谢谢！更要感谢我的家人，正是他们无私的付出，我才可以有更多自由支配的时间，才能够将主要精力放在学习和工作上，深深地道一声：辛苦了！我永远爱着的家人！

最后要特别感谢中国农业科学技术出版社的穆玉红老师，是她的鼓励、督促和帮助，才使本书得以顺利出版。

李辉尚

2018 年 10 月于国家农业图书馆